有人緣的小孩
更有競爭力

的旅程，是在別人的扶持下走完的！只有融入大團體之中，才會獲得知己！

OMPANIONABLE KIDS
AVE COMPETITIVE ADVANTAGES

擁有和諧的人際關係是每一個正常青少年的需要。
別人沒有理由無緣無故對你伸出友誼之手。
當因為某種擔心而不敢主動和別人交往時，最好實際去印證一下，
用事實證明自己的擔心是多餘的。
實踐是檢驗真理的唯一方法。
不嘗試，永遠不會真正有心得。

培育文化　生活成長　51

有人緣的小孩更有競爭力

作者　張婉宜

責任編輯　廖美秀

美術編輯　蕭若辰

封面/插畫設計師　蕭佩玲

出版者　培育文化事業有限公司

信箱　yungjiuh@ms45.hinet.net

地址　新北市汐止區大同路3段194號9樓之1

電話　（02）8647-3663

傳真　（02）8674-3660

劃撥帳號　18669219

CVS代理　美璟文化有限公司

TEL／(02)27239968

FAX／(02)27239668

總經銷：永續圖書有限公司

永續圖書線上購物網
www.foreverbooks.com.tw

法律顧問　方圓法律事務所　涂成樞律師

出版日期　2015年4月

國家圖書館出版品預行編目資料

有人緣的小孩更有競爭力 / 張婉宜編著.
-- 初版. --新北市：培育文化，民104.04
面；　公分. --（生活成長；51）
ISBN 978-986-5862-54-1(平裝)
1.親職教育 2.子女教育 3.人際關係
528.2　　　　　　　　　　104002894

目　錄

目 錄

CHAPTER 03
告別依賴，追求自強自立的性格

目 錄

CHAPTER 04
不佔小便宜，養成無私、樂於助人的性格

CHAPTER 05
擺脫優柔寡斷，培養果決的性格

目錄

CHAPTER 06
超越嫉妒，培養豁達寬容的性格

目 錄

目錄

CHAPTER 09
遠離悲觀，培養樂觀的性格

CHAPTER 01
戰勝羞怯、內向，
　培養外向型性格

　　性格的形成受先天氣質和後天環境的影響，一般分為外向型和內向型，兩種性格類型都各有其優點和缺點，互為互補的作用。

　　外向型的表現為活潑、開朗、靈活；內向型的表現為文靜、愛思考、細緻，但是，性格過於內向的人，往往會表現出羞怯，不容易和別人和諧相處，因此，青少年要適度培養外向型性格。

COMPANIONABLE KIDS
HAVE COMPETITIVE ADVANTAGES

培養外向型性格

**性格過於內向的人較難擁有
良好的人際關係**

　　性格過於內向的人常常緘默，感到孤獨；對人比較
冷淡，但重感情；疑心病重、具攻擊性；對學習比較認真，
刻苦；但往往僵硬死板、不善交際、缺乏自信。

　　性格內向、拘泥細節的人，通常做事情比較會鑽牛
角尖，因此，具有這種性格的人較難擁有良好的人際關
係。

　　擁有和諧的人際關係是每一個正常青少年的需要。
可是，很多青少年的這個需要都沒有得到滿足。他們總
是慨歎同學之間缺少真情，缺少幫助，缺少愛，那種強
烈的孤獨感困擾著他們，折磨著他們。

　　其實，很多人之所以缺少朋友，僅僅是因為他們在
人際交往中總是採取消極的、被動的退縮方式，總是期
待友誼從天而降。這樣，使他們雖然生活在一個人來人
往的世界裡，卻仍然無法擺脫心靈上的孤寂。這些人，

只能做交往的被動者，而無法做交往的主動者。

要知道，別人是沒有理由無緣無故對我們伸出友誼之手的。因此，如果想贏得別人的好感，與別人建立良好的人際關係，擺脫孤獨的折磨，就必須主動交往。

心理學家研究發現，有兩點原因影響人們無法主動交往，而採取被動退縮的交往方式：一方面是生怕自己的主動交往不會引起別人的積極反應，從而使自己陷入尷尬的境地，進而傷及自己脆弱的自尊心。

而實際上，在現實生活中，每一個人都有交往的需要，因此，我們主動而別人沒有反應的情況是極其少見的。試想，如果別人主動對我們打招呼，我們會採取拒絕的態度嗎？

生活中有一個非常有趣的現象：在旅遊的小巴士上，車子裡面有六個人，如果這六個人裡面至少有一個是主動開口攀談的人，那麼他們便會談得非常起勁，一路上充滿歡聲笑語。如果這六個人當中沒有一個人主動和別人交談，那麼，從起點坐到終點，他們會始終處在無聊的氣氛之中，看書也無趣，對望又很尷尬，所以乾脆閉上眼睛養神。

培養外向型性格

　　與其尷尬地面面相覷，還不如主動打招呼，換得一路不寂寞，不是嗎？當我們嘗試著主動和別人打招呼、攀談時，我們會發現人際交往是如此的容易。

　　另一方面，人們心裡對主動交往有很多誤解。比如，有的人會認為「先和別人打招呼，有失自己的身份」、「我這樣麻煩別人，人家肯定會煩的」、「他又不認識我，怎麼會幫我的忙呢？」等等。

　　其實，這些都是害人不淺的誤解。但是，這些觀念卻實實在在地起著作用，阻礙了人們在交往中採取主動的權利，從而失去了很多結識別人、發展友誼的機會。

　　也許，以上這些理由仍然不能說服我們去主動交往，可是我們總該相信，實踐是檢驗真理的唯一方法。不去嘗試，永遠不會真正有心得。

　　有人說，嘗試是成功的先導，這一觀點很正確。當我們因為某種擔心而不敢主動和別人交往時，最好實際去印證一下，用事實去證明我們的擔心是多餘的。不斷地嘗試，會積累我們成功的經驗，增強我們的自信心，自然而然地養成主動與人交往的習慣，使我們的人際關係狀況越來越好。

極端內向的人
在生活中常會面臨許多挫折

　　有一位性格內向的人說：「我並不是厭世，但我確實不知道生存在世上的意義。

　　我對人對事都沒有特殊的愛戀，我希望可以躲起來不必面對這個世界。我每天早上都希望能賴在床上不用起來，外面的世界對我來說太難應付了，每天由辦公室回到家裡的時候，我都有如釋重負的感覺。

　　放假的日子，我除非迫不得已，否則一定要留在家裡，無論如何也不肯出去。我最怕的是人，我覺得自己什麼都比不上別人，所以為了逃避與別人比較高低，我在儘可能的範圍之內都避免與別人接觸。

　　我很怕向別人提出問題，我怕別人罵我笨，所以在工作上及生活上有許多事我都一知半解，採取得過且過的態度。可是我又怕別人識穿我的無知，因此我加倍謹慎，避免與人接觸。雖然我躲在自己的『一人世界』裡

培養外向型性格

覺得很安全，但同時我也覺得孤獨與寂寞。

我嚮往能多交幾個好朋友，我希望自己不要這麼怕與人接觸，我希望可以仔細地去瞭解自己工作及生活的環境，我希望可以真正地享受人生。」

內向者常常是自我封閉的人。這種人總是無知的為自己設置一道樊籬，將自己和外界隔絕開來，他很少或根本不去參加社交活動，除了必要的工作、學習、購物以外，大部分時間都將自己關在家裡，不與他人有所聯繫。

自我封閉的心理是一種普遍性現象，在每個年齡層裡都會發生。兒童有電視幽閉症；青少年有由性格羞澀引起的恐人症、社交恐懼心理；中年人有社交厭倦心理；老年人有因子女成家居外和配偶去世，而引起的自我封閉心態。

具有這種心理自我封閉者，往往喜歡遠離人群、耳目閉塞，時間一久，就會變得孤陋寡聞，對飛速發展的社會缺乏瞭解。人際關係亦會隨之淡漠，自身的價值難以得到社會的認同，且會影響自己的抱負和才華，影響自己的身心健康。

我們常常可以看到一些性情孤僻者，由於心情不好，情緒苦悶，導致自己過量吸煙酗酒，自暴自棄，乃至成為時代列車上的落伍者！

所以，我們要努力克服嫉妒、內向的心理，學會讓自己把心打開，試著去瞭解他人，也讓他人來瞭解自己。在人際關係中確認自己的價值、實現人生的目標，成為生活中的強者。

如果沉浸在「自我否定」、「自我封閉」的消極情緒中，就會變得閉目塞聽、思維狹窄、阻礙自己去積極行動。

在現實生活中，極端內向的人常會面臨許多挫折，於是他們習慣將失敗歸因於自己，總是自怨自艾。他們十分重視別人對自己的評價，遇事忐忑不安。其實，完全不必要這樣，我們應學會將成功歸因於自己，把失敗歸因於外部因素。

不要在乎別人說三道四，為人坦率，不妨該說時直言陳詞，該行時舉步怡然，該笑時仰天長笑，該哭時長歌當哭。

絕不忍氣吞聲，絕不裝模作樣，絕不藏頭露尾，絕

培養外向型性格

不曲意逢迎。

　　說了就說了，不管它閒言碎語；做了便做了，不管他人如何評價。

　　有了這份自然、率性，能不愜意嗎？你的心也將從此不再封閉。

性格外向的人容易適應
各種不同的社會群體

　　外向型性格的人，大多表現為活潑、開朗、善於交際、不拘小節，能夠在很短的時間內和周圍的人們建立起融洽的關係和感情，善於說服別人接受自己的觀點和主張，使別人和自己合作。

　　對周圍人們的思想、感情、態度、行為，能很快地瞭解，並能做出相應的反應。他們留給別人的第一印象很好，因此，第二次見面時別人總能記住他們，並表示願意與他們交往的意願。因此，他們擁有許多的朋友。他們的態度積極，你幾乎很少見到他們有唉聲歎氣的時候。即使遇到挫折，也總能保持積極上進的態度。

　　性格外向的人容易適應各種不同的社會群體，正可謂「適者生存」。他們在不同的人際環境中都「混」得很不錯。

　　在生活中，許多人常犯的一個嚴重錯誤是：他們認

培養外向型性格

爲自己的人際關係已經夠好的了，因此就不必再用心去經營自己和同伴之間的關係。其實，他們忽視了及早建立最佳關係的必要性。多數人只有在與某一同伴的關係出現了問題，或有特殊緣故有求於人了，或需要對方的幫助時，才會惴惴不安地想到自己的人際關係質量是否牢固可靠。

到了不得已的時候才開始爭取某位夥伴的好感，這實在是爲時太晚。

這就好比你在縱身躍出機艙好一會兒之後，才開始尋找降落傘的使用說明書。一來，你已沒有充裕的時間來建立起友好的人際關係。親密、相互信任的良好關係不可能在一夜之間一蹴而就。二來，你顯然不得不扮演求助者的被動角色。

對方完全有理由得出這樣的印象：你的舉動完全是一種有目的的權宜之計。對你這番突如其來的慇勤表現，對方心存疑惑，很難領情。第三，要是你以前不曾致力於建立並鞏固良好的關係，等到需要時才行動，你所要花費的氣力就要更多了。

爲了取得一定的效果，你必須投入大量的時間和

精力。反之，如果你平時就擁有良好的人際關係，取得同樣效果就會易如反掌。最後，如果你在合作開始時就努力使你的同伴對你產生好感，或許問題根本就不會出現。

許多人在私人交往和工作合作中，會不假思索地沿用某種方法、行為方式和言辭，使其成為例行公事。他們過於習慣自己的行為舉止了，以至於不再檢討、考慮或改善它。他們覺察不到還有哪些是需要改善的。只要他們的舉止表現沒有給他人帶來傷害，沒有什麼狀況出現，他們就會迷迷糊糊地安於現狀。

一般說來，在與人交往的過程中，「該做什麼」人人皆知，「怎樣做」卻少有人知曉。而性格外向的人在與人交往的時候卻常常表現得體，左右逢源。

你將來成功的機率取決於你現在的舉止表現。所以，應該努力培養開朗的性格，絕不能對你的人際關係發展掉以輕心。要時常提醒自己：在日常生活中應該和別人發展怎樣的關係，並積極地付諸行動。

具有外向型性格的人往往可以透過良好的人際關係、廣泛的社會交往獲得機遇。

培養外向型性格

　　如果你幫助過別人，那麼你可能培育了機遇；如果你發現某個方向潛藏著機遇，你可以透過關係提前拿到手……外向型性格是產生機遇的性格，想做什麼幾乎沒有辦不到的。

　　在請朋友幫助自己時要注意以下幾點：

　　一.**對朋友要負責。**

　　二.**不要隨便向別人求助。**

　　三.**做事不要逾距，把握好分寸。**

　　外向型性格的人往往太過於忙於社交，以至於讓自己漸漸變得淺薄、沒有深度。這種人喜歡耍嘴皮子，無論麼問題都會跟著哈啦一通，對於自己不懂的領域、自己沒看過的書都敢發表議論，常常犯「言多必失」的錯誤。

　　外向型性格的人因認識的人太多，往往缺乏真情實感。因為太忙於社交，難免會出現厚此薄彼、冷熱不均的現象。有人可能說你勢利眼，有人則會說你圓滑，而當你窮於應付之時，也很難再有什麼誠懇可言，別人對你表示反感的話也就多起來了。

　　因此，切記做人的基本準則，無論你交多少個朋

友，但待人一定要誠懇，不應過分現實，需要人家幫忙時渾身所有細胞極盡熱情，用不著人家時則冷淡敷衍。人如果喪失了做人的根本，就會成為一具傀儡，這一點是千萬不可忽視的。

培養外向型性格

如何避免成為
性格過於內向的人

　　內向的人不善於人際交往，你對人不熱情，別人也就會對你冷淡，久而久之就會疏遠你，這往往會影響到自己的工作、生活和學習，甚至影響到心理健康。

　　為了避免因性格過於內向而影響自己的發展，需要從如下幾個方面努力：

一、要改變過於內向的性格特徵，首先要有信心

　　既然人的性格是在生活歷練的過程中逐漸形成的，那麼也同樣可以改變。所謂「江山易改，本性難移」，是沒有科學根據的。

二、培養廣泛的興趣愛好

　　廣泛的興趣會使人將心理活動傾注於活動之中，而減輕對自我的過分關注；還會使人的不良情緒在活動中得到很好的宣洩與轉移；興趣猶如一條繩索，會把具有共同興趣的人連接起來，從而使人際交往的融洽程度得

到提高。

三、積極參加團體活動和社交活動

要改變原有過分刻板、單一的生活方式，廣泛結交朋友，尤其應多接觸那些心胸開闊、性格開朗的人。透過積極主動的交往活動，不僅可獲得歸屬需要的滿足，而且還會透過潛移默化的作用，逐漸形成開朗、幽默、直爽的外向性格特徵。多與人接觸，多與人交往，這十分有利於性格的外向發展。一個閉門不出，缺乏與人的交往，別人一般也不會來與你攀親結友。人只有融入大團體之中，才會獲得知己，才會心情舒暢，才會學到很多有用的東西，懂得很多人生的道理。

四、與人交往，求同存異，善於寬容

與人交往，總希望關係能融洽，由於人的個性不同，生活背景不同，物質基礎、文化修養不同，所以，人與人之間難免會意見不統一，有時甚至會產生爭執。因此，與人交往時，要求同存異，善於寬容。要善於改變自己的處世態度和行為方式，盡量避免給人一種孤芳自賞、自詡清高的傲慢印象。這樣，別人亦容易接受你，願與你交往，這對自己的性格外向發展是很有好處的。

五、不要過於在意別人對自己的評價

不少人害羞、怕與人交往、畏懼參加團體活動，其內心就是怕自己做得不好，怕別人笑話，因而以「迴避」與人交往的方式來保護自己的「自尊」。

實際上，人無完人，即使是同一件事，不同的人便會有不同的看法。所以，從偉人到平民，每一個人都會受到別人或好或壞、或褒或貶的評價，而且，在多數情況下，人們喜歡評價別人的不足之處，也因此，不少人就被別人的口水「活活給淹死了」。

因此，對別人的評價自己要有主見，既不為別人的讚揚而過分歡喜，也不為別人的貶低而焦躁不安，甚至心灰意冷，而要做到「有則改之，無則加勉」，坦然處之。

六、要學會表達自己思想感情的方式，不要遇事總是悶悶不樂，將所有心思封閉在「自我」之中

在人際交往中，如果你沉默不語、鬱鬱寡歡，別人就不願接近你，因為別人可能以為你需要安靜，誰願意冒擾亂別人寧靜之嫌而惹人厭惡呢？

七、要尊重和信任他人

在交往中，只有尊重和信任他人的人，才能贏得別
人的尊重和信任，成為受歡迎的人。反之，驕傲自大，
目中無人，或對人疑心重重，左右不放心的人，是無法
與人處好關係的。要做到這點，最簡單的方法是學會當
個「忠實的聽眾」，因為認真聆聽別人講話，是對別人
最起碼的尊重，能耐心地聽人說話的人，也往往是個受
歡迎的人。

八、要體會和觀察別人的需要

由於動機的不同和興趣愛好的差異，你喜歡的別人
可能厭惡，你厭惡的別人偏偏喜歡。因此，在人際交往
中，若能多站在對方的立場，設身處地替別人想想，「將
心比心」，便可使人與人之間減少許多誤會和不愉快的
衝突。例如，當你發現別人嫉妒你時，你一定很反感，
但是你若想想，假如別人超越了你，你是不是也會嫉妒
別人？想想這些，理解之心恐怕就會油然而生，不快之
感亦會煙消雲散，甚至還會因此激起你的自豪感，增強
自己的自尊心與自信心。

九、要樂於助人

樂於助人不僅是人的一種美德，而且對自己的個性

培養外向型性格

發展是很有幫助的。人是需要溫暖、需要幫助的，主動
去幫助別人，樂意去幫助別人，別人也會做出同樣的回
報的。這樣，良好的人際關係便能建立起來，你會為此
而高興、喜悅，性格亦會越來越開朗，越來越外向。

努力克服
交往中的羞怯心理

　　羞怯是普遍的心理現象。尤其是青少年初次參加社團活動時的表現最爲明顯，他們大都表現出羞澀、膽怯、拘謹、不自然。但一般隨著年齡的增長、社交的頻繁、生活的磨練、經驗的積累，羞怯心理也就會逐漸減弱和消失。

　　因此我們可以說，一般的害羞完全是一種正常的心理現象，對人並沒有什麼影響。但是，如果羞怯成性，待人處事總是羞羞答答、怯怯懦懦、惶惶不安，終日爲羞怯所困擾，這不但在精神上造成很大的苦惱，而且會使人的思想和行動受到束縛，不能順利地適應社會生活，對人的成長、人際交往和選擇職業會帶來不利的影響。

　　爲什麼會產生這種不正常的羞怯心理呢？心理學家研究指出，主要是由以下幾個原因造成的。

27

培養外向型性格

一、青春期生理、心理變化引起的感應性反應

青少年進入青春期後，生理、心理發育迅速，激素分泌較多，對外界的刺激（如異性），往往會產生明顯的感應性反應，如：出現臉紅、心慌等，這是一種身心變化的正常自然反應。

二、羞怯型性格

有的人從小表現出明顯的羞怯性格傾向，性情內向，膽怯拘謹，孤僻離群。這種性格固然與遺傳因素有關，但更主要的是由於後天的家庭教育、周圍環境影響及心理創傷造成的。而性格外向、胸懷開朗的人，平時待人處事，其言談舉止多為活潑大方，很少有羞怯膽怯的表現。

三、過於自卑

過分注意自己，缺乏自信，總覺得自己在容貌、身材、知識、能力、口才甚至衣著等各方面不如別人，低人一等，深感羞愧。如果是自己在生理上有缺陷或在生活中有閃失，就會更加重自己心理上的負擔，使自己喪失信心，自慚形穢，形成強烈的自卑心理，羞於與人交往。

四、過於敏感

平時總覺得自己時時刻刻都受到眾人的注目，對別人的一言一行、眼神表情過於在意，異常敏感，以致於胡亂猜疑，毫無根據地主觀認為別人是在議論、譏笑自己，而產生或加重羞怯感。

五、易受消極暗示

有的人很容易受到他人的思想、言行、情緒等消極暗示，而產生羞怯感。比如，上課老師提問時，看到隔壁同學沒舉手回答，再加上自己腦海裡冒出「若回答錯了老師可能會責備，同學們也會取笑我」的想法，在這兩種消極暗示的作用下，自己也羞於舉手發言，或者發言時面紅耳赤，十分緊張。

我們明白了形成不正常羞怯心理的原因，只要增強信心和勇氣，並「對症下藥」，經過一段時間的鍛鍊，就能逐步克服羞怯心理，變得勇敢、大方一些。

如果強烈的羞怯感主要是性格原因引起的，只要培養自己獨立生活的能力，多參加社交活動，尤其是多和性格開朗的同齡人交往，受其積極影響和感染，就會潛移默化，逐漸改變過去羞怯、膽怯、拘謹的性格，使自

培養外向型性格

已變得開放、豁達些。

　　如果羞怯的心理主要是由於嚴重的自卑心理引起的，就應該充分珍視自己的優點和長處，增強自信心，並時時記住「人所有的，我無不具備」這句名言，即可消除或減弱自卑心理。即使自己的生理有缺陷或生活中有過失，只要鼓起對生活的勇氣，身殘志不衰，勇於創造一個新的、美的自我，就會抬起頭來，拋棄自卑、羞怯心理。

　　如果羞怯主要是因神經過於敏感、多疑引起的，就應當充分認識自己性格上的這一弱點，加強思想修養，要多相信他人，勿在意別人的言行表情，就能打消疑心，驅走羞怯。

　　假若羞怯常常是因為他人或自己的語言、感覺、意念、想像等消極暗示作用造成的，只要培養堅強的意志和用積極的暗示來對付，就能收到明顯的效果。比如，每當在眾人面前講話而情緒緊張、羞澀、膽怯時，心裡就默念：「勇敢點，沒有什麼好害羞的。」即可達到自我激勵、戰勝羞怯的作用。

努力戰勝
自己不健康的恐懼心理

　　每個人都有他（她）所懼怕的事情或情境，而且不少事物或情境是人們普遍懼怕的，如：怕雷電、怕火災、怕地震、怕生病、怕考試、怕失戀等等。但是，在現實生活中我們可以看到有的青少年的恐懼心理異於正常人，如：一般人不怕的事物或情境，他（她）怕；一般人稍微害怕的，他（她）特別怕。這種無緣無故的怕與事物或情境極不相稱、極不合理的異常心理狀態，就是恐懼心理。它是一種不健康的心理，嚴重的即是恐懼症。

　　恐懼心理，女性多於男性。若從產生的事物或情境來分，異常的恐懼心理大體分為四種類型，即社交恐懼、曠野恐懼、動物恐懼、疾病恐懼。另外還有利器恐懼、黑夜恐懼、雷雨恐懼、男人恐懼、女人恐懼等。對這些恐懼對象，有的人可能僅有一種，有的人也可能同時具

31

培養外向型性格

有兩種或多種。

　　對某些事物或情境合情合理的恐懼，可使人們更加小心謹慎，有意識地避開有害、危險的事物或情景，以利更好地保護自己，避免挫折、失敗和意外事故。

　　但不正常的恐懼，則是最消極的一種情緒，並且總是和緊張、焦慮、苦惱相伴隨，而使人的精神經常處於高度的緊張狀態，因此，它必然損害健康，引起各種「心因性」疾病。長期的極端恐懼，甚至可使人身心衰竭，失去寶貴的生命。

　　不正常的恐懼心理，還會嚴重影響一個人的學習、工作、事業和前途。例如，有的青年人因懼怕社交，甚至在與陌生人接觸時或在眾人面前，就會出現臉紅、出汗、發抖、口吃、拘謹不安、手足無措等異乎尋常的表現，結果只好整天把自己關在房裡，幾乎與世隔絕，更加重了自己的孤獨感。

　　還有的人在恐懼心理的支配下，臨場考試因過於緊張，平時滾瓜爛熟的題目竟忘得一乾二淨，平時清晰的大腦思維竟如一團亂麻，以致未考出理想的成績，甚至名落孫山。

還有的青年人對事業、對人生，自我設置恐懼的路障或陷阱，處處畏首畏尾，不敢追求，不敢拚搏，不敢創造，以致終日得過且過，虛擲青春。

由此可見，青少年爲了培養良好的性格，爲了自己的健康和進步，必須下定決心，鼓足勇氣，努力戰勝自己不健康的恐懼心理。如何克服恐懼心理可參考如下建議：

一、要努力增長自己的科學文化知識

一位心理學家說得好：「愚昧是產生恐懼的源泉，知識是醫治恐懼的良藥。」的確，人們對異常現象的懼怕，大都是因爲對於恐懼對象缺乏了解和認識，愚昧無知引起的。

只要透過學習，瞭解其知識和規律，揭去其神秘的面紗，就會很快消除對某些事物或情境的無端恐懼。

二、要勇於接觸

就是經常主動地接觸自己所懼怕的對象，在接觸中去瞭解它、認識它、適應它、習慣它，就會逐漸消除對它的恐懼。例如，有的青少年懼怕登高、懼怕游泳、懼怕貓、懼怕毛毛蟲等，只要經常多接觸、多觀察、多鍛

培養外向型性格

鍊，就會增長膽識，消除不正常的恐懼感。

三、學會轉移注意力

就是把注意力從恐懼的對象身上轉移到其他方面，以減輕或消除內心的恐懼。例如，對付在眾人面前講話的恐懼心理，除了多接觸多鍛鍊外，每次講話時把自己的注意力從聽眾的目光、表情轉移到講話的內容上，再配合「怕什麼！」等積極的心理暗示，心情就會變得比較鎮靜，說話也會比較輕鬆自如。

四、想像一個「不害羞的自己」

事實上，很多孩子膽怯、擔憂的是自己的表現，怕在眾人面前有不佳的表現。這種情形怎麼辦？

可以把自己劃分為生活中的你和角色中的你。調查中有驚人的發現，在外向型性格中持羞怯心理者較為普遍。儘管他們常出沒於公共場所，拋頭露面，但內心依舊羞怯。這種人約占接受調查人數的百分之十五。

美國專家建議，膽怯者不妨假設自己是劇中的某一角色，只是在舞台上表演角色性格。

當這樣假設時，窘迫感就會減少，逐漸消失。有一位學生想改變自己不喜歡的「愛好」，但怕讓望子成龍

的父母失望。心理學家告訴他，不妨寫出恐懼對話的「劇本」，如他該說什麼，他父母可能提出的問題，以及他本人如何作答。不久這位年輕人很快就克服種種顧慮，與父母溝通了他自己想改變的各方面問題。

五、注意身體語言

羞怯給人的印象是冷淡、閃爍其詞等，但往往孩子自己並沒有意識到這一點。實質上孩子的這種身體語言所傳遞的訊息是「我膽怯、我害怕、我不安」。

很不幸，與之交往的人並沒有注意到這一點。他們會把這種身體語言誤解為冷淡、自負，從而避之千里。這使膽怯者更加遲疑不安。你在年輕時是否也有相似的經歷，羞於和別人打招呼，或者局促不安地坐在一旁，被視作是冷淡或不懂禮貌。你當然委屈，因為你只是不習慣，怕說出不合適的話而已。

美國心理學家阿瑟‧沃默斯認為，只要將身體語言作些調整，就能產生令人驚訝的直接效果。他使用了「SOFTEN」這個詞，以此形象地描述了有關身體語言的全部含義：「S」表示「面帶微笑」；「O」表示「坦率開通」（手臂不要交叉）；「F」表示「身體前傾」；

35

培養外向型性格

「T」表示「接觸」或友善性的身體接觸（例如握手）；「E」代表「眼睛對視」；而「N」表示「點頭」（你在聽，且已聽懂）。

他宣稱：透過使外在形象「親切、隨和」，將獲得友好的回報，陌生人不再那麼可怕了。

膽怯者之所以感覺與人交談十分困難，是在於交談中只顧忌留給對方的印象，因此不敢大聲言談。研究人員發現，為了使談話不至於中止，他們會用「是的，我同意」或「多有趣啊！」來敷衍。其實，當溝通受阻時，可以問些開放性的問題，如「你是怎麼形成這種愛好的？」輕鬆隨意的話題能夠表達你的友好，這類問題可能將注意力集中在對方，而不是自己身上。

CHAPTER 02
克服自卑心理，
　　培養自信的性格

　　自卑是過多的自我否定而產生的自慚形穢的情緒體驗，只有克服了不適當的自卑心理，樹立起對自己真正的信心，培養自信的性格，才有利於青少年充分發揮聰明才智，追求更完美的人生。

COMPANIONABLE KIDS
HAVE COMPETITIVE ADVANTAGES

自卑是一種消極的
自我評價或自我意識

一九五一年，英國人弗蘭克林從自己拍得極為清晰的 DNA（去氧核酸）的 X 射線影像照片上，發現了 DNA 的螺旋結構，並就此舉行了一次報告會。

然而弗蘭克林生性自卑多疑，不斷懷疑自己論點的可靠性，於是放棄了自己先前的假說。可是就在兩年之後，詹姆斯‧革森和庫理克也從照片上發現了 DNA 的分子結構，提出了 DNA 雙螺旋結構的假說。這一假說的提出成為生物時代的開端，因此而獲得一九六二年度的諾貝爾醫學獎。

假如弗蘭克林是個積極自信的人，堅信自己的假說，並繼續進行深入研究，那麼這一偉大的發現將永遠記載在他的英名之下。自卑通往失敗，這是個極為明顯的例子。

那麼，自卑究竟是什麼呢？自卑是一種消極的自我

評價或自我意識。一個性格自卑的人往往將自己的一切評價得很低，總是拿自己的弱點和別人的強處比，覺得自己事事不如人，在人前自慚形穢，從而喪失自信，悲觀失望，不思進取，甚至沉淪。具有這種性格的人比較敏感、柔弱，想像力豐富，膽小怕事，依賴性強，感情用事，缺乏耐性，好衝動，不冷靜。

他們常常因一些小事而覺得內疚，許多時候並不是因為他做錯了，而是常常做得不合理想，不夠完美。他往往是「完美主義者」，但生活不可能都十全十美，這也正是他難以樹立自信的客觀原因。

這種人較為退縮，面對競爭和挑戰通常採取逃避態度。他們願意與人交往，但是又怕被人拒絕；想得到別人的關心與體貼，又害羞不敢親近。

經常使用「真的」之類強調詞彙的人，大多缺乏自信，唯恐自己所言之事的可信度不高。可恰恰是這樣，結果往往會起到欲蓋彌彰的作用。這一類的人很自卑，他們常常自問：「我究竟有什麼優點？」

其實優點他們是有的，只不過因為自卑而沒有感覺出來。一旦與知心朋友談心，朋友們給他指了出來，

培養自信的性格

他也許就會相信那確實是真的，但這種想法往往並不持久，經過一段時間之後他又恢復了原來的模樣。

由於自卑，使得他做事時信心不足。因此，失敗是常事；一旦失敗，又令他深深地自責，從而更加自卑，於是形成了一個惡性循環的宿命。

人生最大的難題莫過於：知道你自己！許多人談論某位企業家、某位世界冠軍、某位著名電影明星時，總是讚不絕口，可是一聯想到自己，便是一聲長歎：「我沒有那麼好！」他們認為自己沒有出息，不會有出人頭地的機會，理由是：「生來比別人笨」，「沒有高學歷」，「沒有好的運氣」，「缺乏可依賴的社會關係」，「沒有資金」等等。而要獲得成功就必須要正確的認識自己，堅信「天生我材必有用」。

嚴重的自卑感會扼殺一個人的聰明才智，另外，它還可能形成惡性循環：由於自卑感嚴重，不敢做或者做起來綁手綁腳、沒有魄力，這樣就顯得無所作為或作為不大；旁人會因此而說你無能，旁人的議論又會加重你的自卑感。因此必須一開始就打斷它，丟掉自卑感，大膽的去做。

　　成功與快樂的起點，就是良好的自我認識。在你真正喜歡別人以前，你必須先接納自己。在你未接納自己以前，動機、設定目標、積極的思考等等，都不會為你工作。在成功、快樂屬於你之前，你必須先覺得這些事情很值得。

　　成功的規律不是說只要接納自己就能成功，而是說不接納自己就無法成功。自卑的人雖也看到身邊有許多有利的條件和時機，但他總認為這些條件和時機是為別人準備的，與自己並不相干，甚至自己根本不接受這些條件和機會。因此他們就不努力奮鬥，也沒有和別人競爭的勇氣。

　　自卑的人就是這樣替自己設置障礙。沒有一個人能越過他自己所設置的障礙。有一句話是這樣說的：「你之所以感到巨人高不可攀，只是因為自己跪著。」不信你站起來試一試，你一定能發現自己並不一定比別人矮一截。許多事情別人能做到的，自己經過努力也能做到，重要的是接納自己，對自己要做肯定的評價，對自己的優點和能力要有自覺。

認識和瞭解
自卑的程度

　　自卑心理是尊嚴的大敵。心理學家指出，自卑可分為如下幾個程度：正常自卑、過度自卑、極度自卑。

　　所謂正常自卑，是指一個人對自己缺乏信心，在某些方面對自己評價過低，這會導致一個人在有些時候對自己產生或憐憫或失望的情緒，這種自卑心和妒忌心比較接近，只不過妒忌牽扯到對他人的憎恨，而自卑只是針對自己。

　　這種自卑是一種正常的心理感受，只要不形成長期的心理壓力，經過一段時間之後就能改正。俗話說「愛美之心人皆有之」，其實「自卑之心」也是「人皆有之」。因為每個人都不可能是十全十美的人，每個人都有自己不如別人的地方。

　　一個人老是盯著自己的缺點和不足看，就容易陷在裡面放大這些不足，因而產生自卑心理。

　　但這種心理一般說來是正常的，因為一個能意識到自己缺點的人是比較明智的，如果能對自己寬容一些，明白「人無完人」的道理，再從其他方面加強優勢互補，便能很快的糾正過來，以客觀的角度看待自己，「知不足方有所進取」，這就是一種良好的心理習慣了。

　　如果一個人不從自身的優勢上加強補救，而是沉湎於自身的缺陷，甚至於痛苦不堪心灰意冷，那就是過度自卑了。

　　過度自卑是一種性格上的缺陷，這與能力、生理上的缺陷不同，這種心態既有損於心理，也有損於身體，更可怕的是，它會使原本並不是缺陷的地方也成為缺陷，使原來的缺陷更加強化。在這種心理意識下，會使人變得敏感多疑，妒忌成性，又自怨自艾，甚至走向自暴自棄的深淵。

　　最典型的例子莫過於《紅樓夢》中的林黛玉，她因為自己是投靠於親戚，又父母雙亡無權無勢，心理形成了深深的自卑。這本來是令人同情的，但她過於看重這一切，不管賈母怎麼寵愛她，寶玉怎麼討好她，都不能使她輕鬆起來。僕人們在一起談論，她便認為是在嘲弄

培養自信的性格

她，寶玉一點照顧不到，她就擔心是看不起她，以至於薛寶釵戴個金項鏈，黛玉看自己沒有也自卑起來。

黛玉本身的才華高，相貌又好，但她對這一切都看不見了，只是把「金玉」之事放在心裡，最後竟為此送了性命。

過度自卑再進一步發展就是極度自卑。在過度自卑階段，雖然一個人的人生快樂和幸福都已喪失掉了，但人格和尊嚴卻一點也沒減弱，相反的，正是因為過度自卑，尊嚴感反而愈加強烈。黛玉的敏感、孤傲和她的自卑形成鮮明的對比，二者都走向兩個極端，靠極端而維持平衡。可以說，過度自卑反而是過度自尊造成的。但一旦到了極度的自卑階段，這個人就真的是無可救藥了。

我們知道，在古代社會裡，由於君權意識和傳統價值觀的糟粕，老百姓被冠以「賤民」的稱謂。在官老爺以及權勢者們面前，百姓們習慣於「奴性」地生存，低三下四，俯首聽從，一點自尊也沒有。這種人物我們從一些電影、文學作品中隨處可見。那些跪著自稱「奴才」的人，尊嚴感又在哪兒呢？《慈禧太后》裡的李蓮英以

及許許多多被迫或甘願做奴才的人，他們是放棄了尊嚴的人，所以他自稱「奴才」，行動點頭哈腰，儼然像隻哈巴狗，這時的自卑就有些可悲了。

為了培養良好的性格，更成功地生活，青少年一定要克服自卑的性格，努力養成自信的良好性格。

培養自信的性格

每個人都有
不同程度的自卑感

　　奧地利心理分析學家阿德勒認為，人類的所有行為，都是出自於「成就感」以及對「自卑感」的克服和超越。

　　阿德勒指出，每個人都有自卑感，只是程度上的不同或是表現形式不同而已。他說，因為我們都發現我們自己所處的地位，是我們希望加以改進的，人類欲求的這種改進是無止境的，因為人類的需要是無止境的。所以，人類不可能超越宇宙的博大和永恆，也無法掙脫自然法則的制約，也許這就是人類有自卑感的最終根源。當然，從哲學角度對人類整體狀況進行分析，人類產生自卑感是無條件的。不過，對於具體的人來講，自卑感的形成則是有條件的：

一、與環境有關

　　從環境角度分析，個人對自己的認識往往與外部環

境對他的態度和評價緊密相關，這點早已為心理學理論所證實。例如封建社會裡的小皇帝，由於他從小被指定為太子，除了皇帝以外，任何人都對他百依百順，決不敢觸怒他，更不敢打他一下。在他的意識裡形成的全都是受寵和自尊等概念，因此，小皇帝長大成人執政後自卑感一般很少。

　　而一般平民子弟，由於成長環境沒那麼優越，自卑感往往較強。

　　阿德勒自己也有過這樣的體會：在他求學的時候，有好幾年數學成績不佳，在老師和同學的消極反饋下，強化了他自己對數學低能的印象。直到有一天，他出乎意料地發現自己會做一道難倒老師的題目，才成功地改變了自己數學低能的認識。可見，環境對人的自卑感產生有不可忽視的影響。由此不難看出，某些低能甚至有生理、心理缺陷的人，在積極鼓勵、扶持寬容的氣氛中，也能建立起自信，發揮出最大的潛能。

二、與自身素質有關

　　從主體角度來看，自卑的形成雖與環境因素有關，但其最終形成還受到個體的生理狀況、能力、性格、價

培養自信的性格

值取向、思維方式及生活經歷等個人因素的影響。良好
的個人因素對自卑感的克服有重大影響，同時它也是建
立自信的基礎。面面俱到的優秀者，當然肯定與自卑感
無緣。因此，從理論上來說，天下沒有不產生自卑感的
人，只是表現的方式和程度不同而已。關鍵是能否透過
適當的方式樹立自信的心態，不斷戰勝自卑感。

密切關注自卑孩子的
早期徵兆

　　自卑是一種性格上的缺陷，而一個人自卑性格的形成往往源自於兒童時期。無疑，自卑對兒童的心理健康將產生負面影響，更對一個人的正常身心起消極作用。專家指出：當家長的須關注自己的孩子有沒有自卑心理，一旦發現，應盡早幫助克服和導正，以避免隨著年齡的增長最終形成自卑性格。專家還認為，自卑的孩子往往會表現出如下早期徵兆——常年情緒低落。

　　如果孩子常常無緣無故地鬱鬱寡歡，那很可能就是自卑性格使然。性格自卑的孩子往往會有以下特徵：

一、過度害羞

　　兒童，特別是女童略有害羞純屬正常，但如害羞過度（包括從來不敢面對小朋友唱歌，從來不願拋頭露面，從來不敢接觸陌生人等等），則可能內心深處隱含有強烈的自卑情緒。

49

二、拒絕交朋結友

一般來說，正常的孩子都喜歡與同齡人交往並十分看重友誼，但具自卑心理的孩子絕大多數對結交朋友興趣索然，或視爲「洪水猛獸」。

三、難以集中注意力

自卑感強的孩子在學習或做遊戲時，往往難以集中注意力，或只能短暫地集中注意力。這是因爲「揮之不去」的自卑心理在作祟。

四、經常疑神疑鬼

自卑的孩子對家長、教師以及同伴們對自己的觀感往往十分敏感，特別是對別人的批評，更是感到難以接受，甚至耿耿於懷。長此下去，他們還可能發展到「疑神疑鬼」的地步，總是無中生有地懷疑他人不喜歡或者怪自己。

五、過分追求表揚

自卑的孩子儘管自信心「低人一等」，但往往又會反常地比正常孩子更追求家長和教師的表揚，而且可能採取不誠實、不適當的方式，如弄虛作假、考試作弊等。

六、貶低、妒忌他人

自卑的孩子另一個負面反應是：常常貶低、妒忌他人，比如他可能因為旁邊的同學受到老師表揚，而咬牙切齒甚至夜不能寐。心理學家認為，這是他們為了減輕自己因自卑而產生心理壓力，所做出的宣洩情緒渠道。

七、自暴自棄

很多性格自卑的兒童往往會表現出自暴自棄、不求上進，他們認為反正自己不行，再努力也是白費。更有甚者，還可能表現出自虐行為，如故意在大街上亂竄，深夜獨自外出、生病拒絕就醫服藥等，似乎刻意讓自己處在險境或困境之中。要是遭到家長指責，便以「反正我就是不如別人」作辯解。

八、迴避競爭、競賽

雖然有些自卑的孩子十分渴望在諸如考試、體育比賽或語文競賽中出人頭地，但又無一例外地對自己的能力缺乏必要的自信心，因而斷定自己絕不可能獲勝。因此，絕大多數自卑的孩子都是盡量迴避參與任何競賽，有的雖然在他人的鼓勵下勉強報名參賽，但往往在正式參賽時又會臨陣脫逃，當個「逃兵」。

九、語言表達較差

培養自信的性格

　　據專家所作的統計，超過百分之八十的自卑兒童在語言的表達上較差。他們或表現爲口吃，或表達不連貫，或表達時缺乏情感，或詞彙貧乏等等。專家們認爲，這是因爲強烈的自卑感，極有可能阻礙了大腦中負責語言學習系統的正常運作之故。

十、對挫折或疾病難以承受

　　自卑的孩子大多不能像正常孩子那樣承受挫折、疾病等消極因素帶來的壓力，即便是遇到小小失敗或小小疾病便「痛不欲生」，有時甚至對諸如搬遷、親人過世、父母患病等意外都感到難以適從。

　　如果孩子出現了上述特徵，家長就要注意分析，孩子是不是有了自卑的性格，並盡快採取積極有效的措施，及時幫助孩子糾正不良的性格傾向。

學會正確地認定自我
是很關鍵的一步

　　有自信的人，往往能夠正確的認識自我，準確地進行自我認定。

　　什麼叫「自我認定」？這是《社會心理學》中的一個概念。其實它的內涵並不複雜，就是指一個人對自己生理、心理特徵的判斷與評價，是自我意識的重要組成部分。

　　人不僅能意識到周圍世界客觀事物的存在，而且也能意識到自己的心理和行爲，把自己的意圖和體驗、思想和感覺報告給自己，調節自己，控制和調整自己，根據自身的需要和社會的需要自覺地調節自己的行動。人的這種意識和自我意識功能顯示，人是能夠認定自己的。

　　然而，準確地認定自己並非易事，人的自我意識是有一個發展和完善的過程的。青少年尚未或剛剛開始走

培養自信的性格

向獨立生活時，自我意識大大地增強，但卻常常表現出對某些事物的偏見。

我們平時經常聽人說：「我對自己最清楚！」、「難道我對自己還不瞭解嗎？」其實，講這些話的人當中某些人對自己並未真正地瞭解。我們常說的「自我」，具體說來可包括三個部分，即生理自我、社會自我與心理自我。平時我們每個人對這三方面的「自我」都有一定的看法和評價。

例如，有的男孩子因自己身材矮小而自卑，有的女孩因自己過於肥胖而苦惱，這就是對「生理自我」的認定。他（她）們認為自己在生理方面不如別人，於是在心裡總是懷著矮人一截的自卑心理。

又如，有的青少年出生於富貴家庭，有的青少年國外有眾多「富翁親戚」，他們自己生活在有地位、有財富的家庭，從而覺得高人一等，因而便常常以此作為炫耀的資本。這些人以自己的「社會自我」而自豪。

再如，有些女孩學業成績差，便認為自己的頭腦笨。有些男孩一開口說話就臉紅耳赤、結結巴巴，便感到自己表達能力差，他（她）們因此而懷著深深的自卑

感。這其實就是對自己「心理自我」的錯誤認定。

由此可見，一個人的自我認定表現在日常生活的各個方面，是非常具體而實在的。

當然，生活中也有不少人缺乏自我認定的能力，他們無力對自己做出確切的判斷與評價。有些孩子，十分關心自己面貌的美醜，卻又不知道自己究竟是美還是醜。因此，當別人說她長得端莊秀麗時，便會心花怒放、興高采烈；而聽到別人背後議論她長相難看時，便會傷心痛苦、精神一蹶不振。還有些青少年，每做一件事總要聽取別人的意見，做完之後又等著別人來評價，自己不知道好壞成敗。這些都是缺乏自我認定能力的表現。

青少年時期是一個人逐步擺脫對父母依賴，走向獨立的關鍵時刻，也是一個人自我認識迅速增強的重要時刻。這個時期的重要人生任務就是學會自我認定。

一個能正確認定自我的青年，必定能對自己的生理、社會、心理三方面的自我做出恰當的判斷和評價。

首先，不管長相美醜，不管生理上有無缺陷，都能愉快地接受自己。既不因為美而傲視別人，也不因為醜而自慚形穢。我就是我，是這個世界上獨特的「這一

培養自信的性格

個」。

　　一個人只有愉快地接受並正確地認識生理上的自我，才有可能發展社會自我和心理自我，才有可能使自己的一生閃耀出瑰麗光彩。

　　其次，能正確認定自我的人，並不在乎家庭地位的高低和財富的多寡。他們既不會因此而趾高氣揚，也不會因此而卑微畏縮。他們深深知道，人生的道路是自己一步步走出來的，別人無法替代，即使最親近的人也無法為你的生命史寫下光輝的一章。

　　最後，正確地認定自我的人，在心理上就會自信而不高傲、謙虛而不卑微。他們能夠坦誠而真實地面對自己的一切，不做作，不掩飾。在任何情況下，他們都能主宰自己、駕馭自己，而不會隨波逐流、人云亦云。當然，他們也聽取別人的意見、尊重別人的意見，但決不會完全被別人束縛或限制，主意得自己拿，決定得自己做。

　　一個人一生的成敗與得失，是由許多因素決定的，但青少年時期能否學會正確地認定自我，則是關鍵的一步。因此，走好這一步，便成了青少年的重要課題。

自信
是一種迷人的性格

在文學名著《簡‧愛》中，財大氣粗、性格孤僻
的莊園主羅傑斯特，怎麼會愛上地位低下而又其貌不揚
的家庭教師簡‧愛呢？因爲簡‧愛自信自尊、富有人
格的魅力。當主人羅傑斯特向她吼叫「我有權蔑視你」
的時候，歷經磨難的簡‧愛用充滿自信、自尊和鎮靜的
語氣回答：「你以爲我窮，不好看，就沒有感情嗎？……
我們的精神是平等的，就如同你和我將經過墳墓，同樣
地站在上帝面前。」正是這種自信的氣質，使她獲得了
羅傑斯特由衷的敬佩和深深的愛戀。

簡‧愛這個平凡婦女的藝術形象，之所以能夠震
撼和感染一代又一代各國讀者的心靈，正是她以自信和
自尊爲人生的支柱，才使得自己的人格魅力得以充分展
現。

一位學者指出：相貌平凡者，不必再爲你的貌不驚

培養自信的性格

人而煩惱，因為「一個人越自信，他的性格就越迷人」。
增加幾分自信，我們便增加了幾分魅力。

自信心是比金錢、勢力、家世、親友更有用的條件。
它是人生可靠的資本，能使人努力克服困難，排除障礙，
去爭取勝利。對於事業的成功，它比任何東西都更加有
效。

假使我們去研究、分析一些有成就的人的奮鬥史，
我們可以看到，他們在起步時，一定是先有一個充分信
任自己能力的堅強自信心。他們的心情意志，堅定到任
何困難險阻都不足以使他們懷疑、恐懼。這樣，他們就
能所向無敵了。

我們應該覺悟到：「天生我材必有用」；覺悟到
造物育我，必有偉大的目的或意志，寄於我的生命中；
萬一我不能充分表現我的生命於至善的境地、至高的程
度，對於世界將會是一個損失──這種意識，一定可以
使我們產生出偉大的力量和勇氣來。

麥克阿瑟在西點軍校入學考試的前一晚緊張之至。
他母親對他說：「如果你不緊張，就會考取。你一定要
相信自己，否則沒人會相信你。要有自信，要自立。即

使你沒通過，但你知道自己已全力以赴了。」放榜後，
麥克阿瑟名列第一。

　　當我們相信自己能做出最好的成績時，我們不僅會
發現自信提高，而且會發現自信會有助於我們的表現。
因此，在生活中我們要養成自信的習慣。

培養自信的性格

認可自己的行動能力
是自信的關鍵

　　正如一位作家所說：「相信自己，充分信任自己的能力。對自己能力缺乏合理的自信，你就無法獲得成功和幸福。」

　　自信並不是狂妄或自大。實際上，自信能使你更加謙遜，因為瞭解自己的價值可以幫助你更快地瞭解別人的價值。

　　而且，喜歡自己並不是說對自己所做的一切事情都喜歡。自信就是能夠正確評價自己特殊的才能、作為一個人所具有的價值，以及充分展現自己最優秀的方面和發揮潛在能力的願望。重視自己的優點，努力改善缺點。

　　自信的人總是會不斷提昇自己。他們明白，喜歡自己並不是為了與其他人進行競爭，而是要充分重視自己並努力做到最好。

　　認可自己的行動能力是自信的關鍵。如果因為自己

所做的事情而責備其他人，或如果對自己非常懊悔，以及認定自己注定事事失敗，你就無法獲得一種強烈的自信。如果做錯了事，立刻道歉並努力改正（人們尊重能夠這樣做的人）。努力從這些情況中吸取經驗和教訓，並努力使下一次做得更好，一定不能放棄自我。

有些時候所發生的事情並不是你自己所能夠控制的。在那些時候，你不過是採取類似條件反射式的舉動。承認並面對上述事實，告訴自己，「我仍然是個非常重要的人」。

當你能夠正確評價自己的長處，甚至也能夠清楚地看到自己的缺點和不足，而且能夠理智地喜歡自己，那麼就可以準備著手制訂計劃，並實施發展人格的活動，以展現自己所能夠實現的最佳形象——充滿自信。

為了維持一種錯誤的和不真實的自我形象，人們通常會避免面對和接受事實。他們可能會躲避現實，忽略那些與自我形象不一致的地方。或者拒絕接受反映真實情況的活動或事情。閉上雙眼，迴避現實會阻礙你理解和接受真實的自我。

在自我形象中，總有一些內容是自我感受中的重要

培養自信的性格

部分，當發生的事情與這些內容相違背時，麻煩就隨之而來。體內的「自我」會非常不愉快。自信也會受到威脅，你絕對不希望這樣的事情發生在自己身上。

結果，一種緊張的情緒就在體內滋生。在陷入失望當中的同時，你會產生深深的怨恨。如果這種牴觸情緒大大地刺痛了自信，你可能會為這件事情的發生而責備自己。

當與自我形象相牴觸的事情發生時，努力忽略這些事情是自然而然的事。如果你假裝事情沒有真正發生，或者努力讓自己相信這些事情不像看起來那樣糟糕，你的自我形象會得到短暫的維護。你必須說服自己，相信真實的自我與這些事情毫無關係。然而，這樣做會產生一個致命問題。使用上述策略會造成很大的心理壓力，使用這種偽裝的次數越多，心理上的壓力就會越大。

你必須要學會去承認和接受那些事實。那麼你的自我形象就不會與真實經歷發生衝突。

你必須瞭解和喜歡內心的自我，對此現實的緊張和牴觸將會消失。與此同時，樹立自信的障礙也會消失。

家長該如何幫助孩子
跨越自卑的障礙

作為父母，應該如何幫助孩子克服自卑的性格，更自信地面對生活，面對未來呢？下面的幾點建議值得借鑒：

一．檢驗你自己的標準

你是否因為孩子資質平庸而暗自失望？是否因孩子不太可愛或有些笨拙而屢加訓斥？你認為自己的孩子笨嗎？孩子的自我概念大多是來自你對他的看法，你的無聲的態度，若能使他確信自己受到父母的關愛和尊重時，他便會相信自己的個人價值。

許多孩子知道自己能得到父母的寵愛，但不一定能從父母那裡得到更多的尊重。他知道父母願意為他捨棄一切，但卻又察覺到父母總是不相信他的能力。比如，當他與客人談話時，父母卻顯得緊張不安；當他說傻話時，你總要插嘴解釋他所講的意思。

培養自信的性格

　　父母應對當著孩子講過的話負責，因為父母親在談論孩子的一切時，孩子就站在你身旁，聽著你對他的所有缺點做出公正評述。父母還必須花時間向孩子介紹好書，和他們一起放風箏、打球，傾聽他們淺顯的插話，談論折斷翅膀的鳥，這些方式都能使孩子感到受到尊重。

二. 不要讓孩子陷入消極的自我之中

　　感覺到自身有缺點的人，總喜歡跟別人談論自己的缺點。但是，當你談論自己的過失時，傾聽者就開始在心裡形成對你的印象，以後他就會按照你所提供的資訊看待你。

　　所以，我們應該教孩子給自己一個正向且光明面的評價，不要沒完沒了的自我批評，以免養成自暴自棄的習慣。

三. 幫助孩子發揮自己的特長

　　父母的任務就是要讓孩子有信心。當孩子沮喪時要鼓勵他們，當孩子遇到大的威脅時要解除他們的畏懼心理，並教他們怎樣越過障礙。

　　越過障礙的方法之一就是發揮自己所長，利用孩子

自己的力量彌補自己的弱點。

我們有責任幫助孩子找到這種力量。或許一個孩子適合學音樂，或許另一個孩子能做飛機模型、養兔子或打籃球，我們要發揮各人所長。最危險的是讓一個孩子既無技能、又不懂得用己所長地進入青少年時代。

應該讓孩子學會說：「我也許不是學校中最出名的學生，但我是樂隊中最出名的小號手。」

家長首先要瞭解孩子的能力，然後爲他們選擇一項技能，並幫他創造機會，使之取得成功。通過第一階段時，獎勵他、鼓勵他，必要時給予物質刺激，促使他將技能學到手。如果發現幫他選錯了技能，就應爲他另選一項，並從頭開始。

四．幫助你的孩子學會競爭

只有競爭才能獲得尊敬，應該幫助自己的孩子盡可能變得有吸引力，鼓勵成績一般的孩子在學校中勝過他人。

父母有責任幫助自己的孩子在競爭中盡其所能，跌倒了讓他再爬起來。如果他學業上陷入困境，你就幫他解脫出來，在他的生存奮鬥中做他的同盟者。

培養自信的性格

在幫助孩子競爭時，要以生活的真正價值教育他：要熱愛人類，熱愛正直與誠實。

五 . 堅持尊重的原則

懲罰，尤其是體罰，做父母的你是在摧殘孩子的精神嗎？答案取決於父母的意圖和方式。

儘管體罰可用於對付蓄意挑釁的孩子，但也不容許當著別人的面懲罰他，或是對他不尊重。認識這點很重要，傷害孩子的自尊心無論如何都是完全違背原則的。

如果父母真正愛孩子，就應該在孩子面前成為一個公正的象徵，讓孩子知道為什麼不應該做有害的事情。

六 . 密切關注班上孩子的表現

孩子的自尊心在與同儕比較上比在任何其他問題都反應得更為強烈。學習能力差的學生，由於自尊心而產生的問題更多。在這種情況面前，父母們能夠做些什麼呢？那就是不要一再的強調學習成績。

任何一件孩子經過努力，而不能完成的工作都應降低其標準。你不該要求一個跛腳的孩子成為一個籃球明星，而許多父母卻偏要期望他們中等智商的孩子成為奧數金牌得主，這勢必會影響孩子的自信。

七．讓孩子樹立「自己就是模範生」的信念

自信在成才中是舉足輕重的非智力特質。日本某能力開發研究所所長阪本保之介，在少年時並不出眾，但受父親的激發、鼓勵，增強了自信。

他從自己成功地創辦能力開發研究所的經驗中，證實了激發對培育自信心的重要作用。阪本保之介上國中一年級時，成績位居全年級五百名學生的第四百七十名。他十分討厭上學，貪圖玩耍，一直被看做是頭腦反應不好的學生。

他的父親卻善於激發兒子的自信心，他有意識地對兒子加以培養。利用下棋的機會，教兒子下棋的規則，還故意輸給阪本。

此時，父親鼓勵兒子說：「你的棋藝進步得很快呀！下棋是一項非常緊張的智力活動，你沒有高度發展的智力，是不可能這麼快就戰勝我的。」

這種鼓勵，逐步強化了兒子的自信心。孩子進入國二以後，成績躍居至前二十名，後來成了一個知名度很高的學者。

在平時，要經常提醒孩子，讓他樹立起「自己就是

培養自信的性格

模範生」的信念，有了這種信念就沒有不可能和辦不到的事。

喪失信心時，應該心中暗想：「誰都有失誤的時候！」

別讓自己因喪失信心，而一無所成。

而後者則以較樂觀的心情來權衡，考試失敗只不過是小小的失誤，若加以改進，下次照樣還是可以取得好的成績，對自己並未失去信心，而是將缺點轉化爲日後前進的動力。前者卻將自己缺點無限度擴大，甚至把不是缺點的失誤也誤認爲是阻礙前進的絆腳石，這樣，心理壓力就會越來越大，最後只能一敗塗地。

家長可以告訴孩子，當信心不足或士氣不振時，可在早晨起床時大聲說三遍：「我能做得到。」

這樣在不知不覺中就能恢復信心，產生向上的意念。這種自我暗示法，運用起來並不複雜。它能不斷地給自己打氣，增加鬥志，使自己對自己有一個正確的認識，並建立必勝的信念。

悲觀主義者的可怕之處，就在於其真正的能力與潛力早在得到檢驗之前就被自己扼殺了。

　　如果孩子迫使自己相信他是學不好的，那恐怕事實就很可能會是如此。

　　考試也是這樣。如果孩子惶恐不安以致滿頭大汗地走進教室，他的大腦緊張而又發昏，而此時偏偏需要盡力回憶所學過的全部東西，那麼結果可能會是：他看考卷時就已經很疲勞了；或者他在還未做題之前就已經在想考試會不及格，做不出難題之類的問題了。

　　一個人的心態對其心理活動有很大的影響，它就像薄霧一樣瀰漫在人的種種心理活動中。

　　克服消極心理，培養積極心態，是學習取得成功的重要條件。學習上的成功最有利於孩子的自信。

　　那麼，在日常要怎樣才能使孩子樹立起「自己就是模範生」的心態呢？

　　家長要讓孩子時常提醒自己，你比你想像中的還要好。心理學家們根據多次的調查研究指出，天才兒童和弱智兒童大約各佔百分之二左右，百分之九十五以上的兒童在智力發展上並沒有多大的差異。

　　你的智力並不比別人差，不要低估自己的智力，高估他人的智力，老想著自己不如別人，甚至總以不夠聰

培養自信的性格

明為理由放棄自己的努力。其實重要的不是你的聰明與否，而是如何發揮你的聰明才智，挖掘你的潛力。才智的挖掘比才智的已經擁有更加重要。

　　要讓孩子相信：只有擁有信心，你才能夠在集會或者上課時，勇敢地坐在前排，積極地發言，才能在平常主動地與別人交談，痛快之時開懷大笑，你的學習成績也才能更上一層樓。

要學會不斷地
在內心肯定自己

如果不斷地肯定自己極其合格，極具力量，極富才幹和功效——這些思想和理想能塑造強者，那麼，我們的精神動力就會得到驚人的發展。

在這種情況下，較之我們總是想著那些不愉快的經歷的情況，我們肯定能更好地利用和發揮我們的腦力。

不管人們能否正確地看待我們，我們一定要對自己說：「我太偉大了，不可能和那些極端墮落、卑鄙無恥的小人們狼狽為奸、沆瀣一氣，我不可能只有他們的那種能力和見識。

無論他人怎麼待我，我都要像個人樣。生命實在太豐富了，我沒有必要去讓那些無關緊要的小事攪亂我平靜的心態或破壞我的功效。我必須極其誠實正直地向世人展示我生來就被賦予的品格，展示我與眾不同的素質，展示我的真正本質。

培養自信的性格

　　因為其他人拒絕展示他們真正的自我或不願轉向他們真正的自我，因為他們將他們的時間耗費在那些損害他們的才幹和破壞他們的功效的事情上去了，因此，我不敢展示我真正的自我便是毫無道理的。」

　　如果我們的心緒不佳和混亂，如果我們感到煩躁不安，如果我們與每個人都不和，如果一些小事情就使我們氣惱不已，那麼，我們就應該多想一想那些美好的、和諧的事情，多想一想那些令人高興的事情。

　　一定要下定決心，即無論發生什麼事，自己都會保持歡愉和平靜的心情，都不會讓那些雞毛蒜皮的小事來愚弄自己，都會努力使自己的心理器官保持和諧與協調。

　　換句話說，要決心做一個超然於生活瑣碎之事之外的人。

　　我們要不斷地對自己說：「對一個偉大的強者來說，對一個生來就有主宰世界的力量的人來說，被一些瑣碎、愚蠢和不足掛齒的小事弄得如此難過，弄得六神無主、方寸全亂是一件多麼荒唐的事啊！」

　　我們要決心使自己以平靜的、泰然自若的、自尊的

心情回到自己的工作崗位，要決心使自己善始善終地做完自己的工作。

如果可能的話，不妨在戶外實踐一下這種方法，深呼吸幾口新鮮空氣，我們會精神抖擻地、活脫脫像個新人般重回到我們的工作崗位。

我們將會發現，花一點時間使自己保持協調將會有多麼豐厚的回報。無論我們什麼時候失去協調，都要終止手中的工作，都要堅決拒絕做任何其他的事情，直到我們是自己，找回了失去的自我時為止，直到我們又重坐在自己心靈王國的寶座上時為止。

如果想充分地施展自己的才華，我們就應該使一切事情恢復正常，就應該嚴厲對待自己或嚴格要求自己，就應該好好地和自己談談，就像一位爸爸希望他的兒子成才時苦口婆心地和他談話一樣。

一旦開始從事一件事情時，我們就不妨對自己說：「現在，我做這件事是最恰當不過了。我必定會取得成功。在這件事情上，我或者表現出我的勇氣，或者表現出我的懦弱。我沒有任何退路。」

一定要養成自我激勵的習慣，要不斷地對自己說一

些催人奮發、鼓舞人心的，使人勇敢、堅毅起來的詞句或者話語，諸如：「給予我面對我必須面對的勇氣吧！」

我們就會驚異地發現，這種自我暗示多麼迅速地就使我們重新鼓起了勇氣，使我們重新振作起來了。

在生活中逐漸養成
自信的習慣

　　缺乏自信是一種心理習慣，它就和其他習慣一樣，是後天養成的，是可以透過長時間的努力而加以改變的。

　　愛默生曾經指出：「習慣是一個人思想和行爲的支配者」，休謨也說：「習慣是人類生活最有力的嚮導」。起初是我們形成習慣，可是到後來，卻是習慣支配我們的思想和行動。

　　習慣可以在不知不覺中形成，也可以有意識、有目的地培養。特別是好習慣，大多是在有意識的訓練中培養出來的。因此，一個不願意虛擲生命的人，是會有意識、有步驟地培養自己的自信心，努力使自己養成自信的習慣的。下面介紹幾種行之有效的方法：

一、選擇自己可以接受的限制

　　有些天生的限制我們無法改變，比如有些殘疾人就

培養自信的性格

不可能靠自己的身體去做無謂的徒勞，他們就不應該去做一些不切實際的幻想。對待這種情況，最明智的辦法是去發展自己不受限制的大腦，照樣可以取得傑出的成績。

應該認識到，自信不過是一種感覺，如果你用肯定的態度去對待，久而久之它就會變成一種實在的行動。而其他人的意見或者自己的懷疑則經常會讓你對自己的能力產生懷疑。

最好的辦法就是不管別人怎麼說，自己盡可能地去嘗試。嘗試越多，便對自己的限制瞭解得越清楚。自己的選擇就會更加接近實際。自己能做什麼不能做什麼逐漸分曉，自信心自然會增加。

二、突出自己的優勢

贏家永遠都知道突出自己的優勢，並把自己的主要精力用在這上面。大家都有過類似的經歷，當與別人一起交流時，如果涉及的是自己的專業，誰都會滔滔不絕，似乎是此道專家。為什麼？那畢竟是自己的優勢，自信心便油然而生。

天才畢竟還是少數，因此我們每個人都應該發現自

己的優勢，進而把它擴大化。不用多久，自信心便會大
增。

**三、在心靈深處，對自己的未來發展，要形成一個
穩定、恆久的遠景目標和規劃**

牢牢地把握這一目標，切不可讓它消失。我們要在
精神中尋求，使這一目標更加明晰。決不要把自己想像
為一個失敗者，決不要懷疑我們的目標的實現。因為我
們的精神一直在為我們的目標的實現而努力。所以，不
管當下的情況是如何的糟糕，我們都只能設想「成功」。

**四、無論何時何地，只要影響我們的消極思想一產
生，理性的聲音、積極的思想就應立即把它驅逐出去**

五、在想像中，不要設置任何障礙物

要藐視任何一個所謂的障礙，把它們減少到最低限
度。對困難一定要經過研究，採取切實有效的辦法把它
們消滅，但是，只有當困難確實存在的時候才能考慮對
策。千萬不要因為畏難心理過高地估計它們。

六、從挫折中奮起

受過挫折和有過艱難經歷是一種財富。只有那些什
麼也不做的人才不會有挫折，當然，自信不會來自挫折

培養自信的性格

本身，但失敗和挫折能夠教給人許多有用的東西。

　　而這些東西一旦被你所牢記，日後便成了巨大的財富。俗話說「失敗是成功之母」，沒有人會為了失敗而失敗，所有人都是為了成功才嘗到失敗的滋味。從失敗和挫折中汲取有用的經驗和教訓，必將增強自己的自信心。

七、虛心展望未來

　　一個自大的人遲早會嘗到失敗的滋味。許多人在奮鬥的道路上面對艱難毫不畏懼，可一旦成功卻又被成功腐蝕。他們會忘了自己的從前，而看不起不如他們的人。那些經常談論自己成就和能力的人恰恰是一些缺乏自信心、沒有安全感的人。那些活在從前的輝煌上的人，是無法再找回自信的。只有不斷迎接挑戰，虛心展望未來的人才能不斷增強自信。

八、不要因為敬畏別人而模仿別人

　　偉人們之所以高不可及那是因為我們自己跪著。記住：大多數的人雖然表現出自信，但他們也經常像我們一樣感到恐懼，對自己表示懷疑。

九、每天念誦下面這句話十遍

　　如果可能請大聲念出來：「我有足夠的自信，我有足夠的力量，凡事都能做。」這種積極的暗示對幫助你相信自己，養成自信的力量會非常有幫助。

　　以上原則和方法，用現代科學術語來說，就是心理暗示法。信心是一種心理狀態，可以用成功暗示法去誘導出來。對我們的潛意識重複地灌輸正面和肯定的語氣，是發展自信心最快的方式。如果我們經常用一些正面的、肯定的、自信的語言反覆暗示和灌輸給我們的潛意識，那麼，這些東西就會在我們的潛意識中牢牢扎根，發展為我們的自信心，使自信成為我們的習慣，我們的性格。

培養自信的性格

切不可因過於相信自己
而變得固執

　　自信心是人生重要的精神支柱，是人們行為的內在動力。在人際交往中，有自信心的人能夠充分發揮長處，坦然自若，落落大方，以積極的姿態處理可能產生的各種人際矛盾。

　　即使在自己處於不利境遇時，也能進行積極的自我暗示、自我鼓勵，從而保持心理平衡，變不利為有利。

　　擁有自信心固然可貴，但切不可因過於相信自己而變得固執。如果說自信是促進人際交往的一大優勢，那麼固執則是妨礙正常人際交往的一個阻力。

　　固執的人往往自以為是，聽不進別人的意見，只想讓別人接受自己的觀點。同時，會有一種盲目的自我崇拜心理，以為自己處處都比別人高明，自覺不自覺地把自己凌駕於他人之上。

　　固執之所以會成為人際交往的一個障礙，是由於

不能用理智來評價自身，也就不能客觀公正地去評價別人，從而贏得別人的理解和信任；也由於總是把自己的觀點強加於人，勢必會造成別人的心理反感，從而使交往在無形中產生一種「心理對抗」；還由於固執己見就難免不與人發生爭執，從而影響與人的思想交流和融洽相處。過於固執就無法與人溝通，會使你處於孤立無援、舉目無友的境地，最終導致懷疑自己的能力，動搖甚至喪失自信。

可見，在人際交往中不可失去自信，也不可過於固執。其實，自信與固執雖然很接近，但畢竟有著本質區別。有自信心的人不僅敢於表明自己的觀點，而且勇於接受別人批評、忠告和建議。

有人緣的小孩
更有競爭力
COMPANIONABLE KIDS
HAVE COMPETITIVE ADVANTAGES

CHAPTER 03

告別依賴，
追求自強自立的性格

　　自強自立的精神是中華民族優良的傳統美德。我們的祖先歷來強調，凡是有志氣、有道德、有本領的人，必定是自強不息、追求自立，不依賴他人的人。

　　青少年增加一點獨立自主、奮發向上的精神，養成了自強自立的性格，就會變得更自信，更有活力，更容易成功。

COMPANIONABLE KIDS
HAVE COMPETITIVE ADVANTAGES

追求自強自立的性格

做人要養成「自強自立」的性格

　　自強自立是中華民族生生不息的精神源泉，歷來中國人都非常強調和崇尚自強自立的精神。自立是指只靠自己的能力行動和生活。不論碰到什麼問題，要自己動腦筋思考，要用自己的力量去克服困難；自強是依靠自己的努力，立足於社會。自強自立是現代社會人所必備的素質，不能自強自立的人，必然被激烈競爭的社會所淘汰。

　　從理論上講，每個人是都可以自立的，然而真能充分發展自己獨立能力的人卻很少。依賴他人，追隨他人，按照他人的想法去做事，自然要比自己動腦筋輕鬆得多。但是若事事有人替我們想，替我們做，必定有害於我們的事業的成功，也不利於我們的成長。

　　要使我們的力量和才能獲得發展，不能依靠他人，而主要靠自己。一個能夠拋棄依賴心理，放棄外援，主

要依靠自己努力的人，才能得到真正的勝利。自立是開啟成功之門的鑰匙。

　　一個人在依賴他人時，無法感覺到自己是一個「完全的人」，只有當他可以絕對自立自強時，他才可以感覺到自己是一個無缺憾的人，才能感覺到一種光榮和滿足。而這種光榮與滿足，是別的東西所不能給予的。

　　一位學者指出：奮發自強使我們內心蓄貯著的龐大力量，這種力量可以扶攜我們度過很多難關，可以帶領我們向前邁步，義無反顧地只想做得更好。

　　當我們覺得際遇不如人，孤立無援的時候，奮發自強的心便是我們的最好支柱，因為這顆心能令我們無論在什麼環境下都誓不低頭，發揮最大潛力；有了這顆心，我們便堅如磐石，受得起人生中的大風大浪！

　　做一個自強自立的人，無疑就是說做一個敢於堅持自己的權益和見解的人。在正確的事、物面前不受任何主觀因素的影響。要知道，只要敢於堅持自己的理想信念，才能在當今競爭激烈的環境中得以生存，乃至於達到我們人生所需的最高境界。

　　每個人都有渴望成功和維護自己權益不受別人的支

追求自強自立的性格

配的能力。在此，一個人要想擺脫困境不受別人支配，就要敢於堅持自己的權益和見解，同時在我們認為已佔上風之時切忌把自信變為自大。這就好比銳利的刀刃雖然好割切，但容易缺損；鋒芒的言辭雖然善辯論，但容易喪氣。故此，作為一個有能力的優秀人才，必須具有良好的修養道德，反之，我們就是個驕傲自大自負的人。

從古至今，絕大多數的富翁對於財富的處理，一般是全部留給子孫。但是在美國的富翁中，近年來卻有一種新的風尚在流行，就是不要留太多的財產給子孫後代，以免他們樂不思蜀，成了扶不起的阿斗。這種風尚的實踐者有大名鼎鼎的微軟創辦人比爾・蓋茨、投資家華倫・巴菲特等舉世聞名的大富翁。

現代富翁之所以有這樣的觀念，可能緣自羅斯・柴德留下的教訓。羅斯・柴德把所有的財產都留給了兒子拉斐爾。但拉斐爾在繼承遺產兩年後被人發現死於紐約一處人行道上，死因是吸食海洛因過度，年僅二十三歲。

美國卡內基基金會就曾做過一項調查，在繼承十五萬美元以上財產的子女中，有百分之二十的人放棄了工

作，整天沉溺於吃喝玩樂，直到傾家蕩產；有的則一生孤獨，出現精神問題，或是做出違法亂紀的事來。

　　的確，人生於天地之間，自立自強才是人生最重要的課題。人生最可依賴的是什麼？是知識、是智慧、是汗水。人常說：「靠人種地滿地草，靠人盛飯一碗湯」。父母都不可能依靠一生一世，何況他人？因此，這個世界上最可靠的不是別人，而是自己。

追求自強自立的性格

青少年的自強自立需要
家長和孩子的共同努力

　　自強與自立是任何一個人成才所必須具備的條件與素質。生活在社會中的人們，不僅要學會生存，更重要的是要學會自強，在自強中立於不敗之地。所以，做父母的應該讓孩子多磨礪，多吃苦，跌倒了，摔跤了，也不要緊。學走路的孩子總是要摔幾跤的，最怕的是父母因為生怕孩子跌倒，而總是抱著孩子，抱大的孩子連路都走不好，哪還談得上自強自立和成才呢？廣大青少年朋友和家長都必須意識到：

一、父母不能護終生

　　普天之下，大凡做父母的，都疼愛自己的孩子，但疼愛的方式卻大不一樣。有的人以為，給孩子吃好，穿好，死後還有大筆財產留給他們，這就是愛。而有的人則恰恰相反，從小讓孩子吃苦受累，也不留什麼遺產給他們，讓他們自己去創立家業。在這一點上，著名愛國

華僑陳嘉庚先生堪稱我們的表率。

二、包辦代替不是愛

不知從何時開始，現代的父母為子女代勞的現象舉目皆是。陪讀的父母，每天辛苦接送子女的父母，代子女打掃，幫子女做作業的父母，乃至祖父母，外祖父母，他們整天為小太陽忙得不亦樂乎。兒女們複習功課、做家庭作業、課外實踐、參加學科競賽等，哪一項不是在家長的陪同下完成的？家長對兒女的教育可以說是「一千個用心，一萬個在意」。卻很少有人注意教育孩子應具有獨立、自立的能力。在巨大的家庭溫室裡，孩子們弱不禁風，依賴性越來越大。

所以愛孩子，就應該給孩子一對堅強有力的翅膀，使他能在藍天裡飛翔。孩子的可塑性很強，在父母的羽翼下長大，雖然溫馨舒適，但永遠是溫室中的花朵；如果從小能讓孩子經風雨見世面，培養自強自立的意志品格，小樹苗就一定能長成參天大樹，相信家長們一定會有正確的判斷和選擇。

三、現代社會需要自強自立的青年

自立是指只靠自己的能力行動和生活。不論碰到什

追求自強自立的性格

麼問題，要自己動腦筋思考，要用自己的力量去克服困難；自強是依靠自己的努力，立足於社會。自強自立是現代社會人所必備的素質，不能自強自立的人，必然被激烈競爭的社會所淘汰。

自強自立就是要讓孩子學會揚長避短，家長則應善於發現孩子的特長，讓每個孩子都看到自己是有用之才。三百六十行，行行出狀元，只要有理想，有志氣，努力學習，刻苦鍛鍊，自強自立，你的孩子一定是個人才。

讓孩子從小開始培養
獨立的性格

　　培養孩子獨立的性格，現代父母應多多補充教養知識，並且不要過度保護孩子，才能培育出獨立、自主的孩子。以下提供培養孩子獨立性格的幾個重點，供大家參考。

一、讓孩子養成「自己做」的生活習慣

　　培養孩子的獨立性格，一定要從小養成。孩子滿週歲後，就應該讓孩子養成「自己做」的生活習慣，例如讓他自己吃飯、穿衣服、整理玩具等。因為這不僅可以避免養成孩子過度依賴父母的習慣，而且還可以讓孩子借此探索與學習，一舉兩得！雖然有時孩子可能做得不好，但還是應該讓他學著自己做才對！

二、培養孩子「觀察、思考」的能力

　　在孩子養成自己做的生活習慣之後，接下來就應該培養孩子「觀察學習」及「思考」的能力，從而打下孩

追求自強自立的性格

子內在人格獨立的良好基礎。

三、激發孩子「解決問題」的創造力

生活中，多引導孩子做創造性思考，例如詢問孩子「杯子除了用來喝水，還可有哪些用途？」、「如果你是小紅帽，你要如何對抗大野狼？」、「筷子除了夾東西，還可不可以當叉子？」等問題，來激發孩子的創造力。內外兼具之後，接下來就是激發孩子「解決問題」的創造力，讓孩子將來的面對問題時，能夠自己思索解決的方法。

四、幫助孩子建立「是非對錯」的判斷力

為孩子選擇一些具有是非意涵的小故事，在說故事的同時引導孩子思考其對錯，建立孩子對是非判斷能力。當孩子已具有以上三大重點物質之後，便算是具備了自主、獨立的性格雛形，然仍須補強對「是非對錯」的判斷力才不會導致偏頗和價值觀。

五、讓孩子養成「良好規範」的道德觀念

有許多事是不能單以是非、對錯去評斷的，所以除了是非對錯的認知外，良好的規範與道德觀也是不容忽視的一環！

青少年要透過自己的努力
克服依賴型性格

　　要培養自強自立的性格，一個重要的方面就是要克服依賴型性格。具有這種性格的人沒有主見，缺乏自信，總覺得自己能力不足，膽小怕事；缺乏獨立性，依賴性強；感情易受挫折，時常希望得到別人的同情；辦事規規矩矩，「從眾」心理強，為人處世甘願置身於從屬地位；面子薄，和人打交道時吃了虧也不會據理力爭；善於奉承別人，也期待別人的讚美；缺乏自我反省能力，常常將自己的缺點掩飾起來，或歸咎於別人。

　　人應該是獨立的。獨立行走，使人脫離了動物界而成為萬物之靈。當孩子跨進青春之門的時候，進入青春期後就開始具備了一定的獨立意識，但對別人尤其是父母的依戀常常使其感到困惑。

　　依賴，是心理斷乳期的最大障礙。當你跨進青春之門，你開始具備一定的獨立意識，但對別人的依賴仍

93

追求自強自立的性格

常常困擾著自己。隨著身心的發展，你一方面比以前擁有了更多的自由度，另一方面卻擔負起比以前更多的責任，面對這些責任，有些人感到膽怯，無法跨越依賴別人的心理障礙。依賴別人，意味著放棄對自我的主宰，這樣往往不能形成自己獨立的人格。他們容易失去自我，遇到問題時，自己不積極動腦筋，往往人云亦云，趕時髦，易產生從眾心理。

依賴心理主要表現為缺乏信心，放棄了對自己大腦的支配權。

依賴型性格的人沒有主見，缺乏自信，總覺得自己能力不足，甘願置身於從屬地位。總認為個人難以獨立，時常祈求他人的幫助，處事優柔寡斷，遇事希望父母或朋友為自己作個決定。

這種性格如果得不到及時糾正，發展下去有可能形成依賴型人格障礙。依賴性過強的人需要獨立時，可能對正常的生活、工作都感到很吃力，內心缺乏安全感，時常感到恐懼、焦慮、擔心，很容易產生焦慮和抑鬱等情緒反應，影響心身健康。

過分依賴別人，意味著放棄對自我的主宰，這樣往

往不能形成自己獨立的人格。要克服依賴心理，可從以下幾個方面努力：

一、承認依賴症

有些人有了對別人依賴過強的心理，這就是患上了依賴症。

患上依賴症後，會很難把握自己，不知道正常狀態應該是怎樣的。這時候可以對照以下幾條標準，看看自己有沒有向類似的情況出現？

「不管怎樣，這件事都要先做」，在你的生活裡，就有這樣的一件事。這件事會對身體或者經濟帶來不良影響；自己已經發現了它的壞影響，可就是沒法放棄，總是重蹈覆轍。哪怕只有一條符合，你就已經在依賴症的邊緣了。如果你認識到這一點就可以找到對症下藥的解決辦法。

二、不自責

患上依賴症的人，有時會對自己苛求，希望自己能在拒絕依賴的過程中變得更堅強些，但這種過度的自我控制有時反而會取得適得其反的效果，有的甚至越陷越深。如果有什麼事情是自己想去做的，但是實際實踐過

程中卻沒能辦到，這也沒什麼關係。不要責怪自己，要學會經常自我表揚。

三、要充分認識到依賴心理的危害

要糾正平時養成的習慣，提高自己的獨立能力，不要什麼事情都指望別人，遇到問題要做出屬於自己的選擇和判斷，加強自主性和創造性。學會獨立地思考問題，獨立的人格要求獨立的思維能力。要在生活中樹立行動的勇氣，恢復自信心。自己能做的事一定要自己做，自己沒做過的事要鍛鍊做。正確地評價自己。

四、尋找他人幫助

一個人悶悶不樂，找不到解決辦法的時候，依賴症往往乘虛而入。要是有一個能無話不談的朋友，困擾自己的問題就能迎刃而解。

要想從依賴症中解脫出來，單靠一個人是不夠的，個人的過度努力反而會產生新的壓力。有的患者原先依賴症的情況確實有所好轉，卻又很快陷入了努力過程中產生的新依賴症中。但如果向心理醫生尋求幫助，醫生會從談話中發現患者本人可能從未察覺的一些情況。尋求幫助的對象是不是心理醫生並不重要，重要的是不要

只靠自己。

五、學會敷衍

患上依賴症的人往往特別在意別人對自己的評價，有時不得不違反自己的意願，日久就造成了心理壓力。學會敷衍會有所幫助，比如說，別人邀請出去玩，實際上並不想去的時候，可以隨口敷衍說自己發燒了等等。試試看撒這種無傷大雅的謊，它會幫助你掌握屬於自己的時間。

六、培養忍受孤獨的能力

一個人獨處，並不等於被別人孤立。學會享受一個人的時光，不依賴別人，也不依賴某種東西或行為。獨處的時間能夠幫助你客觀正確地認識自己，也是形成自己獨立個性所必須要的，這是改善依賴症的關鍵一步。

多方努力，
使青少年擺脫懦弱的性格

懦者，弱也。弱有力弱，有勢弱。「懦者能奮，與勇者同力。」這句話告訴我們，以弱敵強，以弱勝強是完全可能的。比如官渡之戰、赤壁之戰等，都是弱勢戰勝強勢的光輝戰例。所以，視敵強大，不戰先怯是不可取的。

俗話說：「不可長他人志氣，滅自己威風。」恐怕就是由此而來。強者不可能永遠是強者，弱者不可能永遠是弱者。弱者倘能奮發向上，也能達到強者的境界。所以，人力可弱，而志與氣不能輸於人。

心理學家說，人除了自己，沒有更可怕的敵人。那些開口閉口都說「老子天下第一，我什麼都不怕，誰也不怕」的人，大多是心性怯懦者。因為原本就不必害怕，強調不怕正暴露其內心怯懦。

怯懦，說到底是自己怕自己。英國著名心理學家威

廉克姆博士說，人類所有最大的病態心理，影響個體生命最兇惡者，是怯懦的情態。怯懦有許多等級或階段，從極端驚慌、恐怖或震駭情態開始，到感覺接近不幸的輕微惶惑結束。

怯懦是成功的頭號敵人，超級對手。怯懦阻止人利用機會，破壞人的身體器官的功能，耗損人的精力，使人生病、短命。膽怯是一種心理氣質，它能解釋為什麼會有經濟衰退，為什麼有那麼多的凡人不能成功，在遭受挫折後沒有收穫，不能過上快樂的生活。

也許你總是沒有主見，也總是「一切行動聽指揮」。你對別人的依賴性很強，別人說什麼你就附和什麼，別人做什麼你也跟著做什麼。在你眼裡，如果沒有群體，你簡直不知道該怎樣生活。你平時總是「想別人之所想」，你所做的也只不過是別人的旨意，你不知道為什麼要那樣做，只知道那是別人讓你做的。

其實，你並非為別人而活著，你是屬於自己的。你完全沒有必要按別人的方式生活，你完全可以有自己的獨立空間。為別人而活著你難道不覺得沒意思麼？

「可是不依靠別人，我會連飯碗都沒有。」你也許

追求自強自立的性格

會這樣替自己辯解。可是你別忘了那句老話「人吃飯是為了活著但活著不是為了吃飯」。你能不能為吃飯而活著呢？要想獲得別人的尊敬，靠討好別人是行不通的。

總之，你就好像是別人的一部分，你的一切都是別人替你設計的。因為別人是你的「生活之源」，所以你不得不花上一定的時間和精力去討好他們，儘管你心裡不一定願意。可有時候效果並不好，因為「主子」們往往都不容易侍候，稍有不慎，你就有可能遭到遺棄。

怯懦是一種全球化的消極心理，想一下子就克服它比較困難，它要長久地勇敢地進行自我的心性鍛鍊，它需要一個人敢於肯定自我，敢於否定自我，敢於超越自我。

肯定自我的人，他會鼓起前進的勇氣，看到光明的前程；否定自我的人，他會認識自己的不足，看到努力的方向；超越自我的人，他會擺脫世俗的束縛，得到嶄新的自我。

為了幫助孩子克服性格軟弱的缺陷，父母應特別重視，並及時進行幫助、引導。

一、讓孩子學會生活，控制自己

家長的包辦代替是孩子形成性格軟弱的重要原因之一。一些家長對孩子百依百順，不讓孩子做任何事情。這等於剝奪了孩子自我表現的機會，導致了孩子獨立生活能力的萎縮。

二、幫助孩子正確認識自己

家長要讓孩子懂得人人都有所長，人人都有所短；不要因為自己不如別人而產生自卑感，或因此自暴自棄。比如：節日裡請小朋友表演節目，老師沒挑選你，但這並不代表你是個笨孩子，回到家裡你可以演給爸爸媽媽看，同時在家中對孩子要少一些偏袒、溺愛，多一些客觀的評價。使孩子建立真正意義的自尊，而不是唯我獨尊。

三、讓孩子接觸同伴，鍛鍊自己

心理學家指出，孩子的性格在遊戲和日常生活中表現得最為明顯，這也是糾正不良性格的最佳途徑。愛模仿是孩子的一大特點，父母要讓性格軟弱的孩子經常和膽大勇敢的小夥伴在一起，跟著做出一些平時不敢做的事，耳濡目染，慢慢地得到鍛鍊。

四、尊重孩子，不當眾揭孩子的短

追求自強自立的性格

相對來說，性格軟弱的孩子比較內向，感情較脆弱，父母尤其要注意保護孩子的自尊心。如果當眾揭孩子的短，會損傷孩子的尊嚴，無形中的不良刺激可強化孩子的弱點。

五、讓孩子大膽地說話

要做到這一點，功夫還是在父母身上。首先，父母應該戒急戒躁，不能當面打罵、責備，逼迫孩子說話；其次，可以邀請一些同齡小孩和性格軟弱者一起參與集體活動，這時父母在一旁引導或乾脆迴避，讓他們有一個自由的無拘束的語言空間。如果條件允許，父母還可以經常帶孩子到一些視野、空間開曠的地帶，鼓勵孩子放聲宣洩。

六、讓孩子自己拿更多的主意

孩提時代的訓練是為使孩子有朝一日成為肩負重任的成人。應該鼓勵孩子按照明確的時間表，年年有所長進，即隨著他年齡的增長而擔負起相應的責任。

孩子每大一歲，就應該讓他自己拿更多的主意。過分溺愛孩子的父母總是使他們的孩子落後於正常的時間表。使他們接近成年時還感到難於自己拿主意，不能實

行自我約束。進而使他們面對新的選擇和責任而不知所措，表現無能。

對於青少年自己來說，為了克服懦弱性格，從內心使自己堅強、強大起來，不妨照著下面的建議去做。

一、當你在心理上感到被人操縱時，向那人說出你的感受，並說明你希望怎樣去做。

二、寫下你自己的獨立宣言，詳細說明你要怎樣處理一切關係，並不是要消除妥協，而是要消除所有操縱。

三、自己訂下五分鐘的目標，如何去對付生活中支配你的人。

試著說：「我不要。」試試看你這樣說，對方有何反應。

四、去做一些自己喜歡的工作，去主動照顧小孩，或不一定待遇很好的工作，下決心擺脫你所扮演的依賴角色。

要知道，重新拾回你的自尊與自信，花費任何金錢或時間都值得。

五、認清你有隱私的慾望，不必凡事都要別人參與。

追求自強自立的性格

　　你是獨立而且有隱私權的。若你覺得你必須凡事有別人參與，你就無所選擇，當然你就是一個依賴者。

　　六、提醒自己，父母、朋友、及其他人常會不贊同你的行為，這與你是怎麼樣的人無關。

　　無論在任何關係中，你總會遭到一些反對，如果你有心理準備，你就不會因此感到挫折。這樣就能破除許多在情緒上操縱你的依賴關係。

　　七、在你感到不受威脅的時候，安排與支配你的人進行討論。

　　說明有時候你感到受他操縱並處於從屬地位，你希望用一個不出聲的訊號，讓對方在當時知道你的感受，而你當時並不想去討論那事。例如，拉拉耳垂，摸摸鼻子，或把拇指放在嘴上之類的無聲語言發出信號。

　　八、與你覺得在心理上依賴的人深入談一次，宣佈你要獨立的目標，解釋你出於義務做事時的感受。

　　這是擺脫依賴心理的最佳方法，因為別人可能不知道你身為依賴者的感受。

CHAPTER 04

不佔小便宜，
　養成無私、
　樂於助人的性格

愛貪圖小便宜的人在心理上都有較強烈的佔有慾望，久而久之，人際關係就會出現緊張，生活和事業就會受到影響。

相反，那些性格無私、樂於助人的人，則處處受到歡迎，獲得更豐厚的回報。

COMPANIONABLE KIDS
HAVE COMPETITIVE ADVANTAGES

愛佔小便宜的
不良後果

　　生活中總是有些自私自利、愛佔小便的人。這樣的人往往忽略了這樣一個簡單的常識：

　　願意吃小虧才能佔大便宜。換個說法就是，佔小便宜就要吃大虧。其實古人早就懂得這個道理，公元前一世紀的《五卷書》中，就有一篇題為「豺狼舔血」的寓言，說明了這個道理。

　　從前，羊群中有兩隻公羊不知為什麼打起來了，牠們雙方都用犄角拚命頂撞，地上流了不少血。一隻豺狼走過來，高興地想，這下可以吃羊肉了。牠跑到兩隻羊中間，見地上有血，就想，先舔點血再吃肉。

　　這時，兩隻羊再撞到一起，這隻豺狼只顧舔血，沒來得及躲開，就被羊頂死了。作者的評論是：「為了眼前的一點利益，卻拿生命作為代價，這樣的人還真不少！」

　　漢朝王允的《論衡》中有一段話：「富貴皆人所欲也，雖有君子之行，猶有飢渴之情。

　　君子耐禮以防情，以義割欲，故得循道，循道而無禍。小人縱貪利之欲，逾禮犯義，故得苟佞，苟佞則有罪。」其大意是說，人都有私慾，正人君子雖然行為上表現的很好，但也有這種思想，只是正人君子能用理智和道義來對抗這種思想，遏制私慾，因而沒有禍患。相反，卑劣小人則放縱這種私慾，超越禮義，冒犯道義，因而言行不端，這樣就會有罪。雖然，這段話有它的歷史局限性，但對現代人來說，仍有很大的正面意義。

　　現在家庭的生活條件都比較好，獨生子女更是父母的掌上明珠。孩子一出生，嬌寵充滿了孩子的心靈，什麼事都讓著孩子，什麼東西都給孩子。自然而然的孩子產生這樣的心理：「我喜歡的就是我的。」這些從人格上來說，無疑是不健康的因素。兒童時期，正是思想品德形成時期，對於孩子愛佔小便宜的行為，不能視而不見，任其發展。

　　有時候便宜雖小，但也有人會去貪去佔。而佔小便宜真的會得到便宜、真的划算嗎？魚貪一口食，被人釣

養成無私、樂於助人的性格

起；猴貪一口酒，被人捉去，這正應了一句俗語──貪佔小便宜，一定會吃大虧。雖然可能一時沒有吃虧，但是，貪佔小便宜，就像是飢餓的人，去奪食老虎嘴邊的美食，去採食懸崖峭壁上的野果，雖然可以充飢，但卻隨時可能落入虎口、掉進深淵；就像是飲鴆止渴，雖然暫時解了渴，但卻埋下了永久的禍根。

愛貪圖小便宜的人，在心理上都有較強烈的佔有慾望，這種佔有慾望在每得到一次小便宜的時候，便會產生相應的滿足感。滿足程度與得來便宜的難易程度、大小程度有很大的關係，而且每得到一次便宜，他們的佔有慾望便會加強一次。隨著這種慾望日益膨脹，很可能會產生十分嚴重的後果。

一、它會影響你和朋友、同學及周圍人的相互關係。

與人相處，總想去佔他人的便宜，必然會引起他人的警惕和反感，從而失去同學、朋友的信任。久而久之，人際關係緊張，生活就會受到影響。

二、由於輿論和道德的限制，佔小便宜的慾望常常會得不到滿足，於是，便使自己常常處於一種不愉快的

心理狀態中，使自己的生活失去光明和歡樂。

三、愛佔小便宜的心理還會使自己的心胸無大志，難以成爲對社會有作爲的人才。

因爲有作爲的人普遍對於他人、對於社會是有所奉獻的，而貪圖小便宜的人其心理境界是無法和他們相比的。

四、總是想佔小便宜，就會毀掉個人的前途。

我們每個人都希望自己的一生一帆風順，前途美好，都有美好的理想，成長進步的願望。而總是想佔小便宜，就會使這一切落空。

因爲貪圖小利的人，就成不了大事。一個總想佔人便宜的人，只會盯著眼前的蠅頭小利看，絕不會有遠大的理想和目標；一個人若把精力都放在佔小便宜上，放在了耍滑取巧、投機鑽營上，就不會有爲實現理想和目標奮鬥與拚搏，理想就會變成空想和妄想，最終將是一事無成。

不僅僅如此，總佔小便宜的人，凡事會以個人爲中心，凡事計較個人利害得失，凡是對己有利的就是對的，就想方設法的去做；凡是對自己沒利、佔不著便宜的，

養成無私、樂於助人的性格

就逃避，就推脫，那麼長此以往，就會導致是非不清、良莠不分，就像宋代楊萬里在《庸言》中所說：「利害之心生，而是非之心昏矣」，這樣，就會什麼「便宜」都敢占：損人的「便宜」敢占，損害團體利益的「便宜」敢占，甚至違法犯罪的「便宜」也敢占。

　　「欲心生邪念」說的就是這個道理。由於此種「病症」具有擴張的趨勢，發展到一定程度便會對社會造成危害，以致走到犯罪的道路上去。

從小教孩子學會
慷慨待人

　　小孩子不肯與人分享、不善於合作是很自然的，而且很小的孩子常常認爲，凡是他能夠得到的東西都是屬於他的。但是他們也願意和別的小朋友一起玩、一起笑。對於每個家長來說，從小讓孩子慷慨些，培養合作精神是非常重要的。爲此，首先要克服「小氣」的缺點。

　　「小氣」是一種不良的性格特徵，及早防止與糾正孩子的「小氣」行爲，是父母早期教育的重要內容。

　　「小氣」的兒童有哪些表現呢？

　　兒童心理學家研究指出，「小氣」的兒童，除了具有「食物不肯給別人吃」、「玩具與學習用具等不願借別人用」的最直接特點外，還具有如下主要特徵：做事斤斤計較，愛講條件；自我犧牲與奉獻的精神較差；自私自利；思想比較保守，缺乏同情心；適應能力較差；心胸狹窄，嫉妒心強；做事比較猶豫、多疑，缺乏果斷

養成無私、樂於助人的性格

性。

孩子為什麼會形成「小氣」的性格呢？這主要是因為：孩子被身邊人員的「小氣」行為與不良的教育方式所影響；父母及家長過於溺愛孩子，使孩子養成了獨食、獨玩等不良行為習慣；孩子缺乏與同伴交往的經驗，沒有機會體驗與人分享的快樂；有些家庭經濟狀況不佳，孩子的一些要求不易滿足，也是一個重要的因素。

那麼，家長該怎樣從小培養孩子慷慨待人的品格呢？

一、為孩子樹立良好的榜樣

父母的行為對孩子有著最直接、最持久的影響作用，為孩子樹立學習與模仿的榜樣，是父母的首要任務。在日常生活中，父母應先做到慷慨待人。如肯把東西借給鄰居使用，能主動把好吃的食物拿出來讓別人吃，樂意把自己心愛的物品轉讓給別人等。

二、在孩子熟悉的人群中，尋找慷慨共事的榜樣

讓孩子多與這類兒童或成人交往，在長期的互動過程中，孩子便會不知不覺地學著別人的樣子慷慨待人。利用電影、電視、童話、故事等文學作品中的慷慨形象

教育孩子、熏陶孩子。在各種榜樣行為的影響下，孩子
便會逐漸產生慷慨待人的意識，為慷慨品格的形成奠定
良好的基礎。

三、給孩子提供練習分享行為的機會

慷慨待人的品格是在實踐活動中形成的，所以父母
在日常生活中應盡量為孩子提供一些機會，讓孩子的分
享行為得到練習。如買回的糖果不要全部留給孩子吃，
要讓孩子親自把糖果分給家庭成員，與家人共同分享；
玩耍時，引導孩子把心愛的積木、玩具等分一些給小朋
友玩。在這些練習中，家長應及時稱讚孩子的慷慨之舉，
使孩子得到快慰的心理體驗，促進孩子慷慨行為的進一
步發展。

在孩子與小夥伴的互動過程中，家長還可以指導孩
子相互交換玩具進行玩耍，在反覆交換玩具的過程中，
孩子就會逐漸明白，禮尚往來的必要性與相互幫助的重
要性。這對孩子慷慨品格的養成有著重要的意義。

四、鼓勵孩子幫助困難者

在我們的生活中，常常會遇到一些需要幫助的貧困
者與受難者，家長應鼓勵孩子解囊相助。如把自己的玩

養成無私、樂於助人的性格

具或食物送給貧困家庭的孩子，把自己的壓歲錢，捐給
受災的地區或需錢治病的人們，也可以讓孩子幫助困難
者，做一些力所能及的事情以減輕其負擔。孩子在反覆
領略助人的樂趣之後，就會把這種樂趣視爲一種強烈的
精神需要，從而，學會去付出、去追求，最後形成穩固
的慷慨待人的性格特徵。

克制愛佔小便宜，
改變自私自利的性格

　　克制自己愛佔小便宜的不良慾望，改變自私自利的性格，主要還是要依靠自己的努力。

　　其有效方法並不特殊。只要下了決心，肯從小處著手，持之以恆地去施行，就能夠改變愛占小便宜的不良性格。

一、淨化人格，加強修養

　　人格就是人的節操，也可以說是人的品格，就是做人的資格。它是做人、為人、處事的道德行為尺度。古往今來，中華民族的精神和倫理文化造就了眾多人格高尚的哲人志士，他們尤為看重人格：于謙認為「名節重於泰山，利慾輕於鴻毛」，陶淵明「不為五斗米折腰」，陸機更是「渴不飲盜泉水，熱不息惡木陰」，等等。毋庸贅言，有了這樣的人格，絕不會為眼前小利所惑，絕不會去貪佔小便宜。我們要努力做到自尊自重、自節自

養成無私、樂於助人的性格

愛，淨化自己的人格，加強個性修養，只有這樣，才能知曉廉恥和道德規範，才能懂得克制自己、潔身自愛，才不致放縱私慾，為小便宜所惑。

二、注意小節，防微杜漸

任何事物，都是由零開始、從無到有、從小到大。佔小便宜也是如此。遏制貪慾，如果不從零處把關，不能防微杜漸，那麼發展下去，它就會變成洪水猛獸，難以降伏。所以，我們必須要從零做起，控制好自己，不以惡小而為之。要經常分析自己，經常自我反省，未雨綢繆，防患於未然。

三、果斷、自覺地拋棄得到的小便宜

對於有輕微愛佔小便宜慾望的人，和初次佔了別人小便宜的人來講，有效的措施便是果斷地甩掉那點小便宜，不使它據為己有。這是因為，此種毛病對於一個正常的人來講，本身就有一種道德上、心理上的被譴責感。

據調查，當一個人初次佔別人的便宜時，往往是在貪圖慾望與道德廉恥矛盾的心理狀態下進行的，而在進行過程中有臉紅、心跳加速、緊張等狀態，這時，心靈的道德標準與貪求慾望不斷的在內心交戰。此時，即使

是佔了別人的小便宜，他的良心也往往是不安的，心境是不平靜的。此時，如果能果斷、自覺地拋棄得到的小便宜，自信心和正義感就會起主導作用，並在心靈深處注射了「預防針」。同時，由於小便宜未得到，那種不良的慾望也受到了抑制，並且由於對自己產生那樣的念頭和行為而感內疚，以致產生道德上、心靈上的終身「免疫」。

四、對別人的物品要有明確的界限

愛佔小便宜成了習慣的人，其貪圖慾望往往產生在對別人物品等的喜好上，並且往往把別人的東西看成是自己的東西。因此，有這種積習的人如果能常常對不屬於自己的物品劃一條警戒線，即便是別人的一針一線也明確的知道「這不是我的，我不可以用任何不道德的手段據為己有」。長期這樣堅持下去，就會取得很好的效果。

總之，當你時常能看到朋友的大利、團體的大利、社會的大利，並且以朋友、同學之喜為喜，以朋友、同學之憂為憂時，便會胸襟坦蕩，弊病根除。

五、讓朋友幫助你

養成無私、樂於助人的性格

人們都知道，戒煙對於一個有長吸煙史並且煙癮較大的人來講，不僅需要一定的毅力，而且還需要有一定的方法，如服用戒煙糖、茶等。

對於有愛佔別人小便宜積習的人，一個很好的方法就是主動地、誠懇地交結一位正直的朋友，把你的壞習慣及想改掉它的想法告訴他，請他來監督你、幫助你，並且要堅決聽從這位朋友的勸阻。

每發生一次佔別人小便宜的事，就要立即告訴這位朋友，甘願接受朋友的批評及處置意見。「近朱者赤」，經過一段時間，這種壞習慣就會慢慢改掉了。

努力培養
無私奉獻的性格

　　無私奉獻是人類最純潔、最崇高的道德品質。她像冰山雪蓮，潔白無瑕；她像滿山杜鵑，情暖人間。在中華民族幾千年的文明史中，最耀眼的是無私奉獻的燦爛光輝，最醒人的是無私奉獻的傑出人物。屈原、司馬遷、杜甫、孫中山等，他們之所以耀眼、醒人，是因為他們把自己的聰明、才智和業績，無私地奉獻給了國家、社會和人民。「無私奉獻是人類最純潔、最崇高的道德品質。」這句詩為無私奉獻的高尚品格作了一個最佳的詮釋。

　　那麼，青少年該怎樣培養無私奉獻的性格，才能達到大公無私的境界呢？

一、要確立自己的遠大理想

　　理想就是人生追求的目標，也就是那種對人類和社會有較大意義的奮鬥目標。人的高層次精神需要比會圖

119

養成無私、樂於助人的性格

享受的物質需要更具有驅動力。

　　高爾基說過：「一個人追求的目標越高，他的才能就發展得越快，對社會就越有益。

　　人的思想境界高一分，無私奉獻的精神就會登上另一個新階梯。」

　　古代的先賢，現代的英雄，當今的模範，不都是為追求理想的人生目標而鞠躬盡瘁、死而後已的嗎？古代大禹懷著治服洪水、為民除害的宏願，三過家門而不入；現代的無數先烈為了民族的自由，甘灑熱血寫春秋；今日的優秀青年為了實現遠大理想，把有限的生命投入到無限的為人民服務之中去。

二、要培育忘我的奉獻精神

　　有人把人生的境界分為「小我」、「大我」、「忘我」三個層次。「小我」者，利己也，只顧自己而不顧團體；「大我」者，熱衷於為社會作貢獻，但缺乏奉獻精神；只有「忘我」者，才能像一滴水溶化在大海裡一樣，具有無私奉獻的精神。

三、要樹立不為名利的價值觀

　　要使自己能夠真正地做到無私奉獻並非易事。無私

奉獻之難點，在於「無私」二字，正如布萊希特所說：「無私是稀有的道德，因爲從它身上是無利可圖的。」要做到無私奉獻，就要樹立不追逐名利的人生價值觀。只有樹立了這種價值觀，才能在任何情況下，都能做到無私奉獻。

四、要堅持埋頭苦幹的務實態度

如果說「無私奉獻」是我們思想修養追求的彼岸，那麼「埋頭苦幹」則是抵達這一彼岸的橋樑。因爲無私奉獻不是光憑口頭怎麼說，而是要看行動怎麼做。也就是說，無私奉獻不僅是一種高尚的情操，更重要的還要表現在實實在在的具體行動中。

養成無私、樂於助人的性格

**擁有樂於助人的性格，
使你更受歡迎**

　　從小我們就接受這樣的教育，要「樂於助人」。這裡的「樂」有兩層含義：其一是快樂，是說幫助別人是一件快樂的事，既有益於他人，又愉悅了自己；其二是樂意，助人的過程雖然需要有所付出，但更有收益，所以，在理性的衡量下，也希望我們樂意地去幫助別人。

　　大家可能都聽過這樣一個故事：有人想知道天堂和地獄的區別，就去找上帝。上帝帶他去地獄看，地獄裡有一口裝滿食物的大鍋，可這裡的人卻都餓得要命，因為他們每個人都拿著一個長柄的勺子，柄太長，食物送不到嘴裡，所以他們吃不到食物。

　　上帝又帶他去天堂，結果看到了同樣的裝滿食物的大鍋，同樣的長柄的勺子，有所不同的是人們生活得很幸福、快樂，根本不存在餓肚子的情況。原來，天堂裡的人們用長柄的勺子互相將食物送到別人的嘴裡。生活

在互相幫助的世界裡，人生才是美好的。

個人的力量總是很單薄的，當面對生活中的種種問題時，每一個人都有需要別人幫助的地方。

因此，一位哲人說過，人生的旅程是在別人的扶持下走完的。當一個人對生活中的某一問題無力解決時，我們如果能夠伸出一隻熱情的手，無疑會給對方以極大的力量與信心。特別是當一個人遇到挫折，處於逆境之中時，如果我們能夠熱情的幫助別人，別人定會對我們產生強烈的好感。同時，當幫助別人之後，人人都會產生一種覺得自己很高大的感覺，而當別人又對我們報以微笑時，我們會覺得這個世界是那麼的美好。這對人的自信心的確立是極其有益的。

然而，很多人都忽略了幫助別人，這一最簡單的增進吸引力的方法。他們在抱怨人們缺少友情的同時，自己卻不願意對別人付出一點點的友情，即使是舉手之勞也不肯幫助別人，正是這種心態將他們自己拒於友情的大門之外。正如戴爾 · 卡內基所言：「你要別人怎麼待你，就得先怎樣待別人」。

養成了樂於助人的性格，在生活中你會更受歡迎，

養成無私、樂於助人的性格

也會得到別人更多的幫助和配合，因而，你的發展道路上會減少很多障礙。

一個樂於助人的人，一定是一個心胸坦蕩、熱情負責的人，如果他能在別人需要的時候，伸出自己的手，助人一臂之力，他會對自己的學習、工作缺乏責任感缺乏熱情嗎？他會對自己遇到的問題輕易退卻，對群體的事情漠不關心嗎？對他人的態度如何，實在是對一個人全面素質的具體檢驗啊！

有的人以爲如今的時代進入了市場經濟的潮流，人與人之間更多的是需求、利用的關係，「幫助」、「援助」都帶上了很實際的效益色彩。正因爲這樣，所以在今天的社會裡就更應宣傳爲他人、爲眾人著想的精神，人們需要更多的真誠和熱情，這是社會上一筆不可以金錢量比的財富；這是人的生活空間中那清新的、無污染的空氣和養分。

世上確實有一些流行一時、盛行一時的潮流，隨著時代湧上來，又隨著時代退下去，但是無論世界如何變化，時代怎樣前進，這種人與人之間的誠摯相待、互助互愛，充分展現出人類共存的精神，將會永存。

CHAPTER 05

擺脫優柔寡斷，
培養果決的性格

諸葛亮說：「當斷不斷，必受其亂。」

果決是事業成功、競爭取勝的必要條件；優柔寡斷會把一切機會喪失。

青少年只有擺脫優柔寡斷的習慣，培養果決的性格，才能為未來的發展奠定良好的基礎。

COMPANIONABLE KIDS
HAVE COMPETITIVE ADVANTAGES

培養果決的性格

擁有了果決的性格
才更容易把握時機

　　三十五歲的丹尼，一直希望有一艘船。然而他現在連一艘二手船的都買不起。他的女朋友，三十二歲的塔若，也為他的願望而興奮，因為她也盼望著邀請其他相戀的人和他們一起去划船。

　　丹尼從廣告上找到了符合他的價格要求的五艘船。他去看了每艘船，並且，在這些船中，有兩艘他比較喜歡。這兩艘船都有它優秀的地方，都有二百二十四馬力的引擎和八個座位——這是他非常滿意的。但是這兩艘船之間也有一些不同。比如，有一艘比較新並有更為精確的測定儀器；而另一艘有高質量的引擎。丹尼反反覆覆地考慮過每艘船後，就去找他想買的那艘船的主人，這時已過了一周半了。那人告訴他船已經賣了。丹尼雖然很失望，但是幸好他還有第二個選擇。然而，當丹尼匆匆忙忙地趕到那時，這艘船也賣了。

當塔若問丹尼：「你究竟買下了哪艘船？」時，他把經過告訴了她。她只是站在那兒無奈地搖了搖頭。這已不是他第一次由於猶豫不決而錯過要買船的事情了。

這就是典型的優柔寡斷型性格的人，在生活中經常遭受的挫折。

你是否也有過類似的經驗？在生活中，有時候完全沒有必要想得太多，瞻前顧後反而會令你喪失很多機會，尤其是在商界，情況瞬息萬變，等你一切都「想通」了之後，機會也就錯過了。

因此，「該出手時就出手」，別再徬徨了。你本來是很愛思考的（只是有點過了頭），若能更果決些，再多一分乾脆利落，哪怕是那麼一點點，你就會馬到成功。

何謂「果決」？當機立斷，行動堅決。前為「果」，後為「決」，「果決」是一種行為模式，也是一種精神特質。我們也稱之為「性格」，一種有力度的性格。

「果決」的相反詞是「猶疑」，機會來臨時猶豫不決，決定之後又疑神疑鬼；果決的人一往無前，猶疑的人瞻前顧後；果決的人抱定「不成功，便成仁」的決心，猶疑的人揹著「患得患失」的包袱。

培養果決的性格

　　美國有句諺語，叫做「閃電決不會在同一地方落兩次」，以此比喻機會決不會在同一時間同一地點反覆出現。中國也有句古話，叫做「機不可失，時不再來」，勸喻我們珍惜每一次機會。

　　機會對於每一個人都是均等的。所不同的是，聰明的人能夠發現機會，果斷的人能夠抓住機會，勇敢的人能夠把握機會，將機會變成成功；而愚昧的人總是不能發現機會，遲疑的人總會坐失良機，怯懦的人則不敢將機會變成勝利的果實。

　　果決型性格的人辦事成功率高，因為他有魄力，敢說別人不敢說的話，敢做別人不敢做的事。這就是其超群之處，正是這個超群之處使他贏得機遇。但果決型性格的人大多有不通人情的特點。這個特點最初人們也許不太計較，可是長期下來終將失去人心。一般說來，失去人心必然失去機遇。

　　決斷並非一意孤行的「盲斷」，也非逞一時之快的「妄斷」，更非一手遮天的「專斷」——決斷除了要有客觀的「事實」根據，見解高超的預見性眼光外，同時更要有決心與魄力。

如何培養
果敢、決斷的性格

　　培根在《論時機》一文中指出，在一切大事業上，人在開始做事前要像千眼神那樣察視時機，而在進行時要像千手神那樣抓住時機。艾柯卡在自傳中則說：生活的全部要點就是選擇時機。

　　朱元璋就是一個善於察視時機，並果敢地抓住時機的人。被稱「朝謀不及夕，言發不俟駕」。僅以龍江灣大捷為例，當時，勁敵陳友諒、張士誠相約夾攻朱元璋勢力的中心應天府（今南京）。

　　朱元璋的兵力本來就比陳友諒弱，若分兵拒敵，兵力更加不支；若全力固守應天府，則難免受東西合圍之難；若是全力攻擊一方來敵，則另一方將會掩擊其後。面對這一危險局勢，有人主張投降，有人主張撤出應天徐圖大計。朱元璋卻贊同劉伯溫的觀點，認為張士誠「自守虜，不足慮」，斷定他不敢輕易出兵。而陳友諒初僭

培養果決的性格

帝號，必得應天而後快。

此一戰的勝機在於張士誠不敢出兵。朱元璋抓住這一機會，全力迎擊順江而下的陳友諒軍，於龍江灣設下四面埋伏，殺得陳友諒落荒而逃。直到龍江灣伏擊戰結束，張士誠仍未敢出動一兵一卒。朱元璋以其果敢的決策和行動，順利獲得了具有歷史轉折意義的成功。

當然，果敢的行動，並不會都像朱元璋迎擊陳友諒般順利，康熙撤藩就十分不順。

清朝統一中國後，以吳三桂為首的藩鎮割據勢力，成了天下長治久安的大患。聰明聖武的康熙大帝早就想撤藩，只惜不得其便。

康熙十二年三月，平南王尚可喜上疏請求歸老遼東，這真是天賜良機！雖然朝廷很多大臣害怕引發三藩造反，但康熙卻不為所動，果敢地頒布了撤藩令。撤藩令一下，平西王吳三桂率先發動叛亂，並迅速攻佔了湖南。接著，平南王尚可喜、靖南王耿精忠，以及廣西的孫延齡、西北的王輔臣紛紛起兵響應，一時聲勢浩大，清軍措手不及，節節敗退。這時，朝廷和風勁吹，有人主張和叛軍講和，甚至有人提議殺掉贊成撤藩的大臣，

向吳三桂等謝罪。但是康熙毫不動搖，由此開始了延續八年之久的撤藩戰爭。最後，果決的康熙大帝取得了勝利。

朱元璋和康熙的「果決」有什麼不同之處？前者之「果決」貴在不畏凶險，後者則表現爲「義無反顧」。不管怎麼說，一個人只有擁有了果決的性格，才不會坐失良機。坐失良機，必然會受到失敗的懲罰，這是鐵的規律。你可以聰明一生，但你決不能糊塗一時。

淮陰侯韓信平生工於心計，善於捕捉哪怕是稍縱即逝的戰機，因此攻無不克，戰無不勝，卒被封爲齊王。此時，楚漢相持不下，以韓信之賢聖，據強齊之地，甲兵甚眾，助楚則楚勝，助漢則漢勝，可以說，項劉之命懸於韓信之手。韓信若能聽從齊人蒯通之計，既交好項羽，又交好劉邦，則可造成楚、漢、齊三足鼎立的局面，誰也不敢先動。然後齊可見機而作，號令天下。可是韓信不忍背漢，又自以爲功高，漢王不至於奪他齊地，以此一念之差而不用蒯通之計，助漢滅楚。楚亡，韓信也不能立足於齊，最後被呂后以造反罪名斬殺於長樂鐘室。

培養果決的性格

　　韓信至死，方才悔悟，說：「吾悔不用蒯通之計，乃爲兒女所詐，豈非天哉！」天無過，人之過。當時機絕好之時，韓信當斷不斷，等到漢一統天下之後，乃有反叛自立之意，然奈時不再來何！「當斷不斷，反受其亂」，韓信當有此報。

　　人生充滿了選擇。不管是讀書、創業或婚姻，我們總要在幾個可供「選擇」的方案中，作一「賭注式」的決斷。對於我們所選擇的結果究竟是好是壞，也往往沒有明確的答案。機會難得，想再回頭重新來過，是絕不可能的。因此，我們可以說：決斷是各種考驗的交集。

　　那麼怎樣培養果敢、決斷的性格呢？

一、要認識到英明的決斷是抓住機會的保障

　　凡是「成功」立業者，在其人生的旅途中，很少有能一步登天的。他們依靠機智和過人的眼光，在充滿困頓與挫折、失敗的環境中做出扭轉乾坤的決定，終於柳暗花明，攀登上事業的頂峰。

　　據說，機會之神全身赤裸裸、滑溜溜的很不容易抓住，只是他光禿禿的頭上有一小撮頭髮，人們僅能在它轉身的瞬間，即時抓住它的頭髮，才能把它留下。

其實，上天並未特別眷顧那些抓住機會之神的幸運者，只不過他們用心良苦，一再對問題苦思對策，因而參悟玄機，獲得機會之神的青睞。

二、必須要有自己獨到的見識

一般而言，生活和工作中所面臨的問題都是「多元」的；單純的問題或是例行公事，只要有相當的常識與經驗，就可駕輕就熟、妥善地加以處理。至於錯綜複雜、牽涉較廣的問題，除了要具備專業知識的素養外，更要有整體性的策略性思考；既不能被眼前的壓力所懾服，又不能被利害關係所迷惑，而要秉持公平、客觀的態度，做應有的理性分析。因此，有自己獨到的「見識」是相當重要的。

三、必須要有過人的見解和魄力

人的見識愈高愈遠，就越會有曲高和寡的現象。尤其是一般人常滿足於現狀，陶醉於既有成就的美夢中，任何太激進的做法都會被視為「異類」，遭到反對。這時若要力排眾議，斷然掃除「人為」的障礙，就必須要具有膽識和實踐能力。

四、立場超然，當局不迷

培養果決的性格

　　人是有感情的動物，歷來我們的民族性是非常講究人情關係的；一個人若是擺脫不了人情的包圍，而身陷人事漩渦時，決斷則常有偏差。

　　我們常說「當局者迷，旁觀者清」，意指當事人因得失心太重，無法凌空冷眼旁觀，以致失去了「平常心」的素養。既已患得患失，自然無法從「高處、大處、遠處」等層面來做決策，「目光如豆」的人，怎會有令人佩服的明快判斷呢？

　　決策者要以大局為重，若能放棄私心，以第三者的客觀立場來看事情，處事自能了無牽掛，決策必然高明。

努力擺脫優柔寡斷的
不良性格傾向

優柔寡斷的主要表現是思想、情感不集中，難以使思想、情感有明確的指向；遇事時常在各種動機之間、在不同的目的以及不同的方式之間搖擺不定，遲遲做不出取捨；總是懷疑自己所做出的決定的正確性，擔心這種決定會給自己帶來不利的後果，因此即使做出一些決定，也不能堅決執行。優柔寡斷常常給學習和生活帶來消極影響，喪失一次次良好的機會。

要改變優柔寡斷的性格，就應注意：

一、開拓知識視野，不斷積累生活經驗

書本知識是前人、今人各種經驗的結晶，能給我們許多有益的借鑒和啓迪；吸收生活經驗可以提高自己把握現實生活經驗的能力，自己也會增加主見，遇事便容易迅速做出準確的判斷。

二、要培養堅強的意志

135

堅強的意志包括自覺性、堅韌性、自制力和果斷性四個方面。較高的自覺性可使一個人不屈從於別人的意志，不盲目接受各種暗示；較高的果斷性會使一個人較迅速、較準確地明辨是非，判斷正誤；較強的堅韌性會使一個人抵制各種不符合行動目的的主客觀因素的干擾，做到堅持不懈，鍥而不捨；較強的自信心能使一個人經常控制消極情緒，即使遇到挫折也能激勵自己前進。因此，要克服優柔寡斷的性格弱點，就要在培養堅強的意志方面下工夫。

三、敢冒風險

當遇到嚴峻形勢時，人們習慣的做法是小心謹慎，保全自己。而結果呢？不是考慮怎樣發揮自己的潛力，而是把注意力集中在怎樣才能縮小自己的損失上。這種人的結果大都會以失敗而告終。

在經濟生活中，如果反應遲緩，就會遭受到嚴重的物質損失。對每一個公司來講，在市場上都有一個或好幾個競爭對手，他們並沒有在睡大覺。在這種你死我活的競爭環境中，只有敢於冒風險的企業發展策略，才有可能給企業帶來發展，只有敢於冒風險的企業領導，才

有可能獲得成功。

四、明確目標

一個人有了明確的奮鬥目標之後，也就產生了前進的動力。因而目標不僅是奮鬥的方向，更是一種對自己的鞭策。有了目標，就有了熱情，有了積極性，就有了使命感和成就感。

有明確目標的人，會感到自己心裡很踏實，生活得很充實，注意力也會神奇地集中起來，不再被許多繁雜的事所干擾，做任何事都顯得成竹在胸。

相反，那些沒有明確目標的人，總是感到心裡空虛，思維亂成一團麻，分不清主次輕重，遇事猶豫不決，不知道自己該做什麼，不該做什麼。

五、努力保持最佳情緒

良好的情緒是人體的潤滑劑，可以促進生命運作，給人充沛的精力。誰都體驗過，人在情緒好時，心情輕鬆，競技狀態就佳。因此，要努力使自己熱愛事業、熱愛工作、熱愛生活、樂觀豁達、目光遠大。尤其是剛剛步入社會、走入職場的年輕人，更應學會控制自己的情緒，使自己善於控制因身體、戀愛和婚姻的挫折以及對

培養果決的性格

新環境不適應，而引起的情緒不穩。要保持最佳的情緒狀態，以旺盛的精力，良好的心情，度過充實而有意義的高品質人生，切莫讓憂慮、猶豫和痛苦壓倒自己。這種情緒既不能挽回過去，也不能改變將來，只會貽誤寶貴的現在，浪費寶貴的時間。

做事拖拉是青少年必須克服的
一種性格缺點

我們或多或少都遇到過一些做事拖沓的人，大家也許都嘗到過等待這些人的苦惱。其實，在醫學家看來，做事拖拖拉拉也是一種病。

對那些喜歡把該做的事情拖到明天、後天或者下個星期，反正不是在今天完成的人，約瑟夫・R・法拉利給了他們一個專有名詞──「慢性拖拉症候群」。

研究人員發現，做事喜歡拖拖拉拉的人全世界爲數很多。

約瑟夫・R・法拉利是美國德寶大學的心理學教授，專門研究人類爲何做事有拖拉的傾向。法拉利教授和世界上該領域的其他研究學者發現，有做事拖拉習慣的人，其實遠比人們想像中的還要複雜和普遍，而且拖拉問題不是吃藥和接受引導可以輕易解決的。

拖拉症最常見的地方大概就是大學校園了。大學交

培養果決的性格

作業的時間跨度往往很長，但很多學生卻總喜歡到要交作業的最後一刻才「奮筆疾書」。從老師宣佈作業題目起到提交作業的漫長過程裡，大學生花很多時間去娛樂消遣或者忙於其他事情，其實這樣做已大大的降低了學習效率。教授稱這些學生為「懶蟲」，心理學家則把他們歸類為學業拖拉症。

根據最新的研究，百分之七十的美國大學生認為，自己在開始動手做作業和完成作業的時候，有典型的拖拉傾向。同時，大約百分之二十的美國成年人是慢性拖拉症的病人。

法拉利教授發現，名人也有做事拖拉的時候。達·文西晚年為自己未能完成最後的作品而扼腕。莎士比亞塑造的悲劇人物哈姆雷特經過了長時間的前思後想之後，才最終殺死了自己的叔父。美國作家邁克爾·沙邦小說《天生奇才》中的格雷迪·特立普教授因為一直不肯收尾而致使自己的著作不能按時完稿。

普通人做事拖拉的現象更是隨處可見，比如為了吃個雪糕，看場電影，貪圖一時的享受而怠慢了手頭上重要的事情，我們不妨稱這為「捨本逐末」。對於慢性拖

拉症患者來說，「捨本逐末」簡直就是他們的生活準則。

二十世紀八〇年代，隨著一些心理問題研究的逐漸深入，拖拉症也開始受到了研究者的關注。拖拉症的科學研究得到了很大的進展，研究人員開始深入探討拖拉症患者的精神狀態。

法拉利教授在他參與編著的《拖拉與逃避任務：理論、研究和應對方法》一書中，闡述了偶然性拖延時間和習慣性拖拉之間的根本區別。

他說，並非所有臨時抱佛腳的學生都是慢性拖拉症患者，他們或者是因為這樣那樣的原因而耽誤了功課，但在做其他事情的時候他們一般不會拖拖拉拉。

在他的另一本論著中，法拉利教授表示，學業拖拉症患者並沒有典型的特徵。

研究同時發現，拖拉症和智力與性格類型之間並沒有必然的關聯。不過，學業拖拉症患者的確比較缺乏自信，在接受心理學家的「認真程度」測試中得分較低，對生活缺乏憧憬，在團體活動中的表現較差。然而，法拉利教授和東伊利諾伊大學心理學家史蒂文・謝爾所做的一項最新調查顯示，個性消極的人習慣逃避與創造

培養果決的性格

性和智力無關的事情，而個性積極的人往往善於處理一切難度不大的問題。這似乎從另一個側面說明了拖拉其實是與性格有關的。

辦事拖拉是不少青少年常見的問題。「明日復明日，明日何其多。我生待明日，萬事成蹉跎」。要想不荒廢歲月，得到好的成績，就要克服拖拉這個習慣，養成立即行動的好習慣。

拖拉者的一個最大退路，是找藉口為自己開脫。經常聽到一些人這樣說：「要是再有一些時間，我肯定能做得更好一點。」而事實上是，許多事情是很早就部署下來了。拖拉也有一些非情緒方面的原因。如：目標不合理、沒定期限、應承過多、時間安排過於緊張、沒有餘地等等。

拖拉者的一個悲劇是，一方面夢想仙境中的玫瑰園出現，另一方面又忽略窗外盛開的玫瑰。昨天已成為歷史，明天僅是幻想，現實的玫瑰就是「今天」。拖拉所浪費的正是這寶貴的「今天」。拖拉的惡習往往會帶來很多不良的後果，它會使我們：

一、問題成堆

明日復明日，本來不過是舉手之勞的事，可總是拖延，成爲一個緊迫的問題，在我們最緊張的時候來搶我們寶貴的時間。

二、陷入焦慮

拖拖拉拉，自以爲「臨期突擊是完成任務的妙法」，結果，時間壓力給人帶來一個又一個的焦慮，天天在著急上火中生活。

三、計劃失效

一些人表面上也像個務實主義者，爲自己確立目標制訂計劃，但卻很少去落實。這漂亮的美好的計劃，會使人毫無作爲。

到美國首府華盛頓觀光的旅客，總不免要到華盛頓紀念碑一遊。

不過紀念碑遊客如織，導遊大概會告訴人們，排隊等搭電梯上紀念碑頂就要等上二個鐘頭，但是他還會加上一句：「如果你願意爬樓梯，那麼一秒鐘也不必等。」

仔細想想，這句話說得多麼真切！不止華盛頓紀念碑如此，對於人生之旅又何嘗不是！

說得更精確一點，通往人生頂峰的電梯不只是客滿

培養果決的性格

而已，它已經故障了，而且永遠都修不好，每一個想要往上爬的人都必須老老實實地爬樓梯。只要我們願意爬樓梯，一次一步，那麼我們必能到達人生的頂峰。因此，一定要養成立即行動的習慣，克服拖拉的問題。

立即行動，
改變拖拉的習慣

　　為了擺脫優柔寡斷，培養果決的性格，就要努力養成立即行動的習慣，克服拖拉的問題。

　　那麼，該怎樣克服呢？以下幾點可供我們參考：

一、分析利弊

　　對目標要有意識地加以分析，看看盡快實踐有什麼好處，拖拉有哪些壞處，這對下定決心立即著手很有督促作用。

二、分清事情的輕重緩急，學會在一段時間內集中處理一個問題

　　雜亂無章和拖延總是連在一起的，因為二者可以說是相得益彰的。如果你桌上攤著六門課程的複習資料，那麼，單單想決定先複習哪一門就要花掉不少時間了。而且沒有哪兩項任務會是同等重要的。

　　人在疲沓時往往隨意挑一件事就做，這樣會把最重

培養果決的性格

要的事給忽略了。所以要分清事物的輕重緩急，並且在完成一件事之後，再著手處理另一件。有人用寫紙條的辦法，記下自己要做的事，按其重要性依次排隊，然後按部就班地處理它們。每當做完一件事，就高興地在紙上劃掉一項。

同時，集中優勢也是很必要的。大概很多人都看到過醫院裡詢問處的服務人員是怎樣工作的。他們常常被擠在窗口的人群詢問著，喧鬧、查問聲不絕於耳。而他們卻不慌不忙地以一對一的方式，目不斜視地盯著詢問的人，仔細回答詢問者的問題，從來不對其他人分散注意力。

等回答完這個人後，再依序回答下一位提問的人。他們的這種「一次只集中應付一個人，盯住他的問題不放，直到處理完為止」的精神，不是對我們很有啟發嗎？

三、把大塊任務切割成小塊

善於化大為小，難題就好解決了。已經做出成績的人大都懂得這種方法的價值。例如，一個人想寫一本二百頁的書稿，每天寫一頁，不到七個月他就可完成。想一下子將作品完成，他只能被目標本身嚇倒。有了艱

巨的任務，第一步要分解它，化成一系列小任務，再一個接一個地完成。

四、正視不合心意的工作，不要避重就輕

找一段時間專做不合心意的事務，是磨煉意志，克服拖拉的好辦法。避重就輕也許符合人的天性。但到頭來會積重難返，難上加難。你應當試著不讓自己迴避棘手的事。如果你原來習慣先做容易的問題而後解決難的，那你不妨倒過來試試。也許你會從中發現自己在解決了難題之後受到鼓舞，剩餘的任務就迎刃而解了。

五、從小事做起

起居、走路、吃飯、整理內務都要快速完成，決不磨蹭。在這方面，有一種克服惰性的方法，那就是在你睜眼能看到之處貼上一張：「睜眼就起」的便利貼。

每早無論多睏，只要一睜眼，便一骨碌爬起來，匆匆洗漱。待坐到桌邊，又一條張便利貼映入眼簾：「趕快工作」。於是開始了一天緊張的生活。

六、立即動手

想要打掃房間，現在就要去找工具。要交報告，馬上就要拿出紙列上幾個要點。要勒令自己，決不拖延，

有事及早做。要練字——從現在開始！想鍛鍊——從現在就開始。不要總是「明日復明日」。抓住了現在，就是抓住了時間，把握了生活。德國詩人席勒在談到時間時說過，「未來的姍姍來遲，過去的永遠靜止，現在像箭一般飛逝」。

是的，生命是由每一個像箭一樣飛逝的日子組成的，年輕人因為自己年輕，覺得日子好像永遠過不完，往往不容易把握現在，抓緊今天。美國的盲聾啞人學者海倫‧凱勒說：「有時，我常這樣想，當我今天活著的時候，就想到明天可能會死去，這或許是一個好習慣。這樣的態度將使生活顯得特別有價值。」每一位積極生活的青少年都要珍視現在，抓緊時間，絕不拖沓。

七、向人保證

提出保證，限定時間完成任務，會使人產生一種有益的焦慮和時間緊迫感，這能有效地克服拖拉的習慣。

八、每天做結算

「明天即在眼前，學會把每一天當作禮品來對待」。每天起床前要決心過好今天，而且還要準備讓明天過得更好。把時間看作財富，我們就不會再拖拉了。

　　最後，最好每天早晨問問自己：「我面臨的最大
問題是什麼？今天打算把它解決到什麼程度？該做哪些
事？」不要忘記，克服了拖拉的習慣，我們就會跑在時
間的前頭。

有人緣的小孩
更有競爭力
COMPANIONABLE KIDS
HAVE COMPETITIVE ADVANTAGES

CHAPTER 06

超越嫉妒，
培養豁達寬容的性格

　　嫉妒是一種不健康的心態，是一把內外雙刃的刀，
揮舞起來既傷害別人，也傷害自己。

　　培養豁達寬容的性格，是戰勝嫉妒的有力武器，也
是為人處事所必需具備的。

COMPANIONABLE KIDS
HAVE COMPETITIVE ADVANTAGES

培養豁達寬容的性格

嫉妒是一種必須克服的
不良性格

具有嫉妒型性格的人喜歡懷疑，心理壓抑；對人嫉妒、疑神疑鬼、以自我為中心，不易相處，固執己見，不易接受別人的意見；處事剛愎自用，容易急躁。

他們經常感到自己某一方面不如對方，或自己在某一方面受到了侵害——但多數情況是無根據的懷疑。更可怕的是，嫉妒的人常常會採取錯誤、偏激的行動。

我國古代，有很多妒賢嫉能的例子，隋煬帝就是其中的典型例子。他妒忌元勳楊素的功績而將他逼死；又殺死了有名的將領賀若弼；隋煬帝曾經作過一篇《燕歌行》，命令朝廷中的文士唱和，結果王胄的詩詞超過了他的，於是隋煬帝在大怒之下殺死了王胄，並且在行刑前拿王胄詩中的句子來諷刺他，說：「庭草無人隨意綠，你現在還能做嗎？」

嫉妒的人只會扼殺英才而很難成才。想想歷史上的

小人，誰不是嫉賢妒能的？隋煬帝就不用說了，雖然他
做了皇帝，但那是靠世襲靠繼承父親的皇位而得來的，
他實在是個很差勁的領導者。可以說隋朝是因嫉妒而亡
國──殺死了所有的忠義之士，又有誰敢來投靠朝廷，
為朝廷賣命？

　　嫉妒是一種缺陷心理。看到別人比自己強，或在某
些方面超過了自己，心裡就酸溜溜的不是滋味，於是就
產生了一種包含著憎惡與羨慕、憤怒與怨恨、猜忌與失
望、屈辱與虛榮以及傷心與悲痛的複雜情感，這種情感
就是嫉妒。

　　嫉妒者不能容忍別人超越自己，害怕別人得到他所
無法得到的榮譽、地位，或其他一切他認為是很好的東
西。在他看來，自己辦不到的事最好別人也不要達成，
自己得不到的東西別人也不要得到。顯然這是種極其陰
暗齷齪的心理。

　　法國大思想家盧梭曾說：「人除了希望自己幸福之
外，還喜歡看到別人不幸。」這句話不僅道出人類容易
嫉妒的心理，也說明了社會中有不少嫉妒心理之人的存
在。

培養豁達寬容的性格

　　有人把嫉妒看成是女人天生的性格，其實不然，並不只是女人容易嫉妒。培根寫過一篇《論嫉妒》的文章，對嫉妒心理做了精彩的剖析。他說：喜歡嫉妒別人的是這樣的一些人：

　　無才無德之人，他們不能從自身的優點中取得養料，必需找出別人的缺點來做養料，用敗壞別人幸福的方式來安慰自己，其自身缺乏某種美德，便以貶低別人的某種美德來實現兩者之間的平衡；好打聽閒話之人，他們以發現別人的痛苦，來使自己得到一種偷窺的滿足感，有某種難以克服的缺陷的人，他們因自己的缺陷無法補償，需以損傷別人來求得補償；經歷過巨大災禍和磨難的人，樂於把別人的失敗看做對自己過去所經歷痛苦的補償；好嫉妒的人也是虛榮心甚強的人，他們無法接受別人在某一件事業中總是強於他，他們不能容忍同事或他非常熟悉的人被提升。

　　容易遭嫉妒的是這樣一些人：出身微賤一旦升騰的人；後起之秀，他們最易受元老們的嫉妒；出於往上爬的野心四處攬人情的人；驕傲自大的人，這些人隨時隨地都想去顯示自己的優越，力圖壓倒一切競爭者；坐享

其成的富家公子；享有某種優越地位而又狡詐地掩飾的人，他們使人覺得他們沒有價值因而不配享有那種幸福；好拋頭露面者以及那些代替大人物出風頭的傻瓜。

　　嫉妒有三個發展階段：第一個階段，嫉妒心理往往深藏於人不易覺察的潛意識中，如自己與某人相處很好，對於他的名譽、地位等並不想施以攻擊，不過每念及此，心中總會感到有一種淡淡的酸澀味。進入第二個階段，不再完全壓抑，而是自覺或不自覺地顯露出來，如對被嫉妒者進行間接或直接的挑剔、造謠、誣陷等。到了第三階段，嫉妒者已完全喪失理智，開始向對方做正面的直接攻擊，欲置別人於死地而後快，這種性格容易導致傷人、殺人等極端行為。

　　嫉妒的害處很大，對於嫉妒者本身來說，它是本質上的瑕疵點，一個朝氣蓬勃的青少年，一旦受到嫉妒情緒的侵襲，往往會頭腦糊塗，停滯不前，甚至喪失理智，處處以損害別人來求得對自己的補償，以致做出種種蠢事來。

　　好嫉妒者由於經常處於所願不遂的嫉妒情緒煎熬之中，其心理上的壓抑和矛盾衝突所導致的劣性刺激，會

培養豁達寬容的性格

使神經系統的功能受到嚴重影響。

　　嫉妒不僅危害嫉妒者本人，對於一個團體來說，它還是團結的腐蝕劑。嫉妒具有極大的分化力量，它會使一個團體四分五裂，成為一盤散沙。一個班級如果有幾個好嫉妒的同學，就會摩擦層出，衝突不斷。可以毫不誇張地說，嫉妒就像一條暗藏在心靈深處的毒蛇，它不僅分泌毒汁毒化著自己的心靈，而且還不時地鑽出來傷害別人。因此，嫉妒一向受到人們的唾棄與斥責。

哪些人可能具有
嫉妒的性格

　　一個人不可能十全十美。既有優於他人的一面，也有許多不足之處。而且，大多數人的內心深處都有自己的隱私，有緊閉的感情。

　　有的人不能正確地認識自己，就像小孩子一樣，當別人超越自己時，心裡老是覺得不痛快，總想向周圍人表明自己比對方強。對這種人來說，最重要的是要得到第三者的認可。只有這樣，他才會心安理得。這種人由於常常與他人做比較，而且強烈的希望能在他人之上，並得到眾人對他的認同，必然會經常產生嫉妒。那麼，在生活中，什麼樣的人可能是具有嫉妒性格的人呢？

一、常把「我、我的」掛在嘴上的人

　　這種人在說話時有一個有趣的共同點，他們總是比一般人使用更多的第一人稱。如：「我朋友的家裡……」；「他現在很了不起，還不是靠我把他介紹給

培養豁達寬容的性格

某人的……」；「我在我們學校的畢業生當中……」等等，這種人常常以自己爲話題談論某件事情，希望博得大家的喝彩和重視。唯自己恐默默無聞、無人問津。所以，爲了要引起更多人的注目，得到更多人的認同，常常信口開河，瞎編一通。

這種人由於想以自己爲中心，常常言過其實。當然不僅僅是誇張一些自己的優良事蹟、有趣的事，還會加油添醋的對別人述說小時候家裡如何富裕啦，小學生時代怎麼被處罰啦，繼母多麼惡劣啦……等等。這些與單純的吹牛是有所區別的。這種人總是強迫別人承認他富有、他悲痛、他受大家的愛戴、他才華橫溢。

二、表面熱情而內心冷漠的人

冷漠自私的人容易嫉妒。這些人當中，有的人乍一看似乎很熱情。實際上，冷漠自私的人毫無誠實、質樸之感。

他們之所以待人熱情，往往是因爲想讓對方感恩、報答自己，承認自己的優越地位。這種人常常居高臨下，如果對方軟弱無力，就給予保護；但若對方稍露頭角，就加以壓制。而且，一旦對方超過自己，就會不擇手段

的搞垮對方，這就是嫉妒的基礎。

當然，如果對方明顯地比自己強，根本無法競爭時，這種人就會低聲下氣地去迎合，去奉承，毫無廉恥之心。這種人善於察言觀色、趨炎附勢，任何時候都想拋頭露面，表現自己。然而，嫉妒心強的人不會有真心相對的朋友。因為他沒有朋友之間那種坦誠相見的心靈。

三、不承認自己錯誤的人

容易嫉妒的人不會承認自己的錯誤，至少是很少承認自己的錯誤。

現實生活中，許多事情往往不可思議，令人悔恨，痛苦。例如唯一的班長職務被同學所得，或比自己成績差的人考進了前三志願高中就讀，而自己卻名落孫山等等。當希望落空，未能如願以償時，有的人不懂得自我反省，反而對自己的無能、懶惰視而不見，只會一味地指責「他就是不懷好意」、「都是他說了我的壞話」、「老師偏心」等等。由於抱持這種心理，一旦做事不順利時，便怨天尤人、唉聲歎氣，而不冷靜地自我反省，只會為自己憤憤不平，於是產生了嫉妒。

培養豁達寬容的性格

四、缺乏自信的人

由於缺乏自信心，對別人的一舉一動都非常敏感，並因此來左右自己的一切。這種人總是處處留心別人，如誰與誰交往，誰在什麼地方出入，誰有什麼計劃等等。

缺乏自信心的人還會透過第三者去瞭解對方的行蹤。有的會直接與對方見面或打電話。這種情況下，最明顯的特點就是隻字不提自己的事，只聽對方說。即使談話涉及到自己，也是爲了麻痺對方，但決不會說真話。

爲什麼會如此關心別人的事情呢？主要是因爲對自己沒有信心，心胸狹窄。事事都要和別人做比較，看不見自己的人生、自己的生活裡所存的自身的價值，對自己產生了懷疑和不踏實感。無論做什麼事，總是提心吊膽，害怕不能很好地完成。因此，擔心別人會嘲笑自己，同時也容易嫉妒別人。

五、自卑感強的人

一個人在青少年時期，往往不能客觀地評價自己，容易產生自卑感。總感到自己的身材、容貌、能力、生活經歷不如別人，過於注重自己與別人的差距。

每個人所自卑的事和自卑的程度都不一樣，而且自

卑感純屬主觀感覺，是旁人所無法理解的情感。有的人
為皮膚黑而苦惱；有的人卻因為家裡經濟困難而痛苦。
有的人若沒有達到自己所設定的目標，便會為此煩惱，
感到自卑。所以說自卑感是一種痛苦的情感。當觸及到
這痛處時，人就會發怒、牴觸、辯解或逃避現實。也有
人故意虛張聲勢或因懼怕失望而採取過分的防衛態度。

　　有自卑感的人容易嫉妒。當明顯的意識到自己的希
望和現實存在著一定的距離時，就會嫉妒那些實現了自
己願望的人。

　　人人都有嫉妒心，只是是否適度而已。若嫉妒心過
於強烈，而養成了嫉妒的性格，那就一定要及時糾正和
改變，否則，就會成為不受歡迎的人。

喚醒積極的
嫉妒心理

　　染上嫉妒惡習的人應該怎樣克服這一性格上的弱點呢？

　　首先要心胸開闊，正確對待在事業上和學習、生活上比自己能幹的人。其次，要充分認識嫉妒心態所產生的惡果——害人害已。嫉妒者多半把自己的主要精力和全部智能，都在下意識或十分明確地用於攻擊和傷害被嫉妒的一方。雖然有些嫉妒者也知道這樣做於事無補，但仍像中了邪似的受制於它。

　　有一種克服消極嫉妒心理較好的辦法是：喚醒你的積極嫉妒心理，勇敢地向對手挑戰競爭。

　　積極的「嫉妒心理」，必然會產生自愛、自強、自動自發的競爭行動和意識。當你發現你正隱隱地嫉妒一個，在各方面比自己能幹的同學或朋友時，你不妨反問自己幾個為什麼和結果如何？在你得出明確的結論之

後，你會大受啟示。

　　長時間停留在嫉妒之火的折磨和煎熬中，並不能使自己改變面貌。要趕上他人，就必須要有恆心和毅力，在學習或工作上努力，以求得事業上的成功。你不妨藉強烈的嫉妒心理去超越自己的意識奮發努力，昇華這股嫉妒之情，以此建立強大的自我意識以增加競爭的信心。

　　自卑感強的人容易嫉妒，因為他們想逃避現實而故意虛張聲勢，因為懼怕失敗而採取嫉妒的手法。所以，首先要對自己的能力、潛力有一個客觀的認識。不自我誇大，亦不自我貶低。只有在自我感覺良好、自我意識能力強的前提下，才能變消極嫉妒為積極嫉妒，也才能在積極嫉妒心理中獲取能力、接受競爭意識的刺激。

　　當然，在你反問自己幾個為什麼之後，你可能會覺得自己的天賦、客觀條件、知識、能力都不如人家。這也無妨，但不要自卑、更不要嫉妒，你不妨再找找自己的優勢，在某一方面發揮你的優勢，在競爭中發揮你的聰明才智，從而找到你的心理位置，得到生活的樂趣。

　　總之，對於他人在學習、事業上的成功，既要羨慕，

培養豁達寬容的性格

又要不嫉妒；羨慕，就是積蓄你自己大量的精力、時間、智慧去產生應該屬於你範圍內的積極嫉妒心理；不嫉妒，就是要灑脫和不甘於落後，對自己充滿必勝的信心，這才是強者的風度。

此外，為了克服嫉妒的弱點，最好選擇一種終生參與的體能活動，如游泳、打太極拳、慢跑等。運動不僅有利於生理上的健康，也有利於心理上的健康，使人變得更活潑開朗。

現代年輕人應養成的
寬容性格

　　一個人從進學校大門，到長大成人，都不斷的被告知要有責任感。上學讀書了，老師和家長會提醒你，要好好學習；工作了，主管和家長會提醒你，要好好工作；結婚了，社會輿論會提醒你，要做個好丈夫好妻子；孩子出世了，家庭會提醒你，要做個好父親、好母親。於是，人的腦海裡便形成了一系列的責任符號。讀書的，讀好書是責任；種田的，勤耕種是責任；經商的，多賺錢是責任；當官的管理好人是責任；父母撫養孩子是責任；年輕人贍養老人是責任……久而久之，這些責任成了一種約定俗成的東西，不用誰去叮囑和催促，人們也會自覺的去做，並形成一種民族文化，傳承至今。

　　但唯獨寬容，需要我們重新提出來。重新提出寬容是因為寬容是一種特殊的、更深層的，又不是人們能輕鬆擔負的責任。它是人們需要經過後天的千錘百煉才能

培養豁達寬容的性格

具備的一種責任感。

因為，人的天性並不寬容，只是把寬容別人當作奉獻、當作雅量來顯示自己的卓爾不群。

什麼是寬容？漢語詞典上說：寬容就是寬大有氣量，不計較或追究。意思是說，別人對自己所造成的傷害不計較和追究。

寬容的人能夠尊重和珍視他人的個性，當看到別人獨特的特質時會覺得那是應該得到認可的。在人際關係中，寬容的人會盡量去瞭解對方的獨特特質，能夠意識到對方是一個什麼樣的人，也會知道對方會有缺點，會有他不喜歡的地方，但並不苛求對方十全十美，他知道這樣才是真實的。

寬容的人不僅能夠獨立地看問題，而且能夠站在他人的立場上看問題。此外，他們對人一般來說能持有好感，能夠擁有比較和睦的鄰里關係，不背地裡說人壞話，沒有嫉妒之心，心胸開闊，性情溫和，有寬容、博大的胸懷。

寬容的人能夠關心他人的發展，希望別人得到幸福。當別人取得成就以後，他們有的只是真心的祝願，

而很少產生嫉妒的心理。當別人處在危難之中時，寬容的人會主動伸出援手，去幫助他們渡過難關。寬容的人知道，能讓別人得到幸福，自己本身也會更加幸福。在別人犯錯以後，也會給予最大限度的寬容和諒解。

我們堅信時代是不斷在發展的，人類是不斷在進步的。時代越是發展，形形色色帶有強烈個性的事物就越多。人類越進步，個人色彩也就越濃。所以，要維護大局的平衡，不僅需要人們在氣量上不計較不追究，而且也要允許別人有行動的自由、言論的自由。也許是在這個意義層面上，所以西方的智者才說出了：我可以不同意你的觀點，但我要用生命捍衛你說話的權利。這句話，又把寬容往上推進了一步，拓展了一步。

寬容既然是一種責任，就該人人有份，人人有責。因此，每一個現代年輕人都要養成寬容的性格。

培養豁達寬容的性格

學會寬容和豁達，
使我們受益無窮

　　一八六三年一月八日，恩格斯懷著十分悲痛的心情，把妻子病逝的消息，寫信告訴好友馬克。

　　過了兩天，他收到了馬克的回信。信的開頭寫道：「關於瑪麗的噩耗使我感到極爲意外，也極爲震驚。」接著，筆鋒一轉，就說自己陷於怎樣的困境。往後，也沒有什麼安慰的話。

　　「太不像話了！這麼冷冰冰的態度，哪像是二十年的老朋友！」恩格斯看完信，越想越生氣。過了幾天，他給馬克寫了一封信，表達了自己心中的不快，最後乾脆寫上：「這就是你安慰老朋友的方式嗎？」

　　「二十年的友誼發生裂痕！」看了恩格斯的信，馬克的心裡像被壓上了一塊大石頭那樣沉重。他感到自己所寫的那封信是個錯誤，而現在又不是能馬上解釋得清楚的時候。過了十天，他想老朋友「冷靜」一些了，就

寫信認了錯，解釋了情況，並表白了自己的心情。

坦率和真誠，使友誼的裂痕彌合了，疙瘩解開了。恩格斯在接到馬克來信之後，立即以愉快的心情回了信。他在信中說：「你最近的這封信已經把前一封信所留下的冰冷印象清除了，而且讓我感到高興的是，我沒有在失去瑪麗的同時又再失去自己最老的和最好的朋友。」

在日常生活中，當自己的利益和別人利益發生衝突，友誼和利益不可兼得時，首先要考慮採取豁達寬容的態度，捨利取義，寧願自己吃一點虧。鄭板橋曾說過：「吃虧是福。」這決不是阿Ｑ式的精神自我安慰，而是一生閱歷的高度概括和總結。

清朝時有兩家鄰居，因一道牆的歸屬問題發生爭執，欲打官司。其中一家想求助於在京城為官的親屬張廷玉幫忙。張廷玉沒有出面干涉這件事，只是給家裡寫了一封信，力勸家人放棄爭執，信中有這樣幾句話：「千里求書為道牆，讓他三尺又何妨？萬里長城今猶在，誰見當年秦始皇。」家人聽從了他的話，這下使鄰居也覺得不好意思，兩家終於握手言歡，反而由你死我活的爭

培養豁達寬容的性格

執變成了真心實意的謙讓。《菜根譚》中講：「路徑窄處留一步，與人行；滋味濃的減三分，讓人嗜。此是涉世一極樂法。」可謂深得處世的奧妙。

　　林則徐有一句名言：「海納百川，有容乃大。」與人相處，有一分退讓，就受一分益；吃一分虧，就積一分福。相反，存一分驕，就多一分挫辱，占一分便宜，就招一次災禍。

　　古人說：「利人就是利己，虧人就是虧己，讓人就是讓己，害人就是害己。所以說：君子以讓人為上策。」「退己而讓人，約束自己而豐厚他人；所以群眾樂於被用，而所得是平時的幾倍。」所以說：「謙遜辭讓，做為德的首位。」

　　一個人，對於事業上的失敗，能自認這方面的錯誤，就能讓人感德；在有成就時，能讓功於他人，就能讓人感恩。老子說：「事業成功，而不能居功。」不僅讓功要這樣，對待善也要讓善，對待得也要讓得。凡是壞處就歸於自己，好處都歸於他人。他人得到名，我得到他這個人；他人得到利，我得到他這個心。二者之間，輕重怎樣？明眼人一看，就知道分寸了。

　　讓人爲上，吃虧是福。所以曾國藩說：「敬以持躬，讓以待。敬就要小心翼翼，事情不分大小，都不敢忽視。讓，就什麼事都留有餘地，有功不獨居，有錯不推諉。念念不忘這兩句話，就能長期履行大任，福祚無量。」

　　在日常生活中，難免會發生這樣的事：親密無間的朋友，無意或有意做了傷害你的事，你是寬容他，還是從此分手，或伺機報復？有句話叫「以牙還牙」，分手或報復似乎更符合人的本能心理。但這樣做了，怨會越結越深，仇會越積越多，真是冤冤相報何時了。如果你在切膚之痛後，採取別人難以想像的態度，寬容對方，表現出別人難以達到的襟懷，你的形象瞬時就會高大起來，你的寬宏大量、光明磊落使你的精神達到了一個新的境界，你的人格折射出高尚的光彩。

　　寬容，是一種美德受到了人們的推崇，寬容在人際交往中也越來越受到人們的重視和青睞。

　　寬容是解除心理疙瘩的最佳良藥，寬廣的胸襟是交友的上乘之道，寬容能使你贏得朋友和友誼。

　　一般人總認爲，做錯事了一定要得到報應才算公平。但英國詩人濟慈說：「人們應該彼此容忍，每個人

培養豁達寬容的性格

都有缺點，在最脆弱的方面，每個人都可能被切割搗碎。」每個人都有弱點與缺陷，都可能犯下各種不同的錯誤。作為肇事者要竭力避免傷害他人，但作為當事人要以博大的胸懷寬容對方，避免怨恨消極情緒的產生，消除人為的緊張，癒合身心的創傷。

寬容意味理解和通融，是融合人際關係的催化劑，是友誼之橋的黏著劑。寬容具有這樣巨大的力量，我們該怎樣培養這種寬容的性格特點，去理解別人呢？

一、對傷害自己的人表示友好

寬容是一種博大，是一種境界，是一種優良的人格特徵，對曾經有意或無意傷害過自己的人要有寬容的精神。這樣做雖然困難，但更能反映出你的寬大胸懷和雍容大度。用你的體諒、關懷、寬容對待曾經傷害過你的人，使他感受到你的真誠和溫暖。也許有人會說，寬容別人是否證明自己放棄原則，太軟弱了？其實寬容是堅強的表現，是思想的昇華。

二、容忍並接受他人的觀點

人們都希望和那些懂得容忍自己的人相處，而不希望和那些時刻要對自己說三道四、橫挑豎揀的人待在一

起。布林圭說，專門找別人麻煩，動輒教訓別人的「批
評家」估計不會有什麼朋友。另外，根據自己所確立的
倫理和宗教方面的嚴格標準去要求別人來投自己所好的
人，誰見了都會退避三舍；而那些能容忍和喜歡別人以
本來面目出現的人們，往往具有感動人和促使人積極向
上的力量。當你想和朋友友好相處時要尊重對方的人格
和優點，容忍對方的弱點和缺陷，切莫試圖去指責或改
變對方。

三、發現和承認他人的價值

　　容忍他人的不足和缺陷比較容易，而困難的是發現
和承認他人的價值，這是一種更爲積極的人生態度。每
個人只要樂於尋找，一定能找出他人身上許許多多的優
點和長處，能發現和承認他人的長處，那就實現了人生
價値的全部意義。只有既能容人之短，又能容人之長，
才更能顯示出胸懷的寬闊、人格的高尙。

克服「吹毛求疵」的
不良性格

「吹毛求疵」的意思是，你在仔細觀察尋找，哪裡有需要固定和修理的地方，也就是找到生活的破損和缺陷，然後或是盡力去修補它們，或是至少向別人指出來。這一癖好不但會使別人疏遠你，它也會使你對自己的感覺很糟。它鼓勵你去考慮每件事和某個人的不當之處——你不喜歡的地方。所以，「吹毛求疵」不是使我們欣賞我們的人際關係和生活，而是鼓動我們認為生活並不盡如人意，沒有什麼是盡善盡美的。

在我們的人際關係中，「吹毛求疵」的典型表現是這樣的：當你遇到某人且他一切都很好，你也被他（或她）的外表、個性、智慧、幽默感，或這些特質的某種結合所吸引。一開始時，你不但贊同此人與你的不同之處，你實際上是欣賞它們，你甚至會被這個人所吸引，部分是因為你們是多麼的不同。你有與他不同的觀念、

喜好、品味和優勢。

然而，經過了一段時間，你開始注意到你的新搭檔（或朋友，老師，任何人）有些小缺陷，你認為應該能夠有所改善，你使他們注意到這一點。你也許會說：「你應該知道，你確實有遲到的習慣。」或是「我已經注意到你不大喜歡看書。」關鍵是，你已開始不可避免地投入另一種生活方式——尋找和思考某人身上你不喜歡的地方，或不十分正確的方面。

顯然，一個偶然的言論，建設性的批評，或有助益的引導也許並不會招致警覺；然而，偶爾的、無害的言論會在不知不覺中發展成看待生活的一種方式。一位西方學者指出：當你要去「挑剔」另一個人時，這表明不了別的，它只會顯示出你是那個需要被批評的人。

無論你是否對你的人際關係或生活的某些方面吹毛求疵，還是兩者都有，你所需要去做的只是將「吹毛求疵」視為一個壞習慣而註銷掉。當這個習慣偷偷侵入你的思想，控制住自己並封上你的嘴，你越不常去挑剔你的夥伴或朋友，你就越能發現到你的生活確實十分美好。

培養豁達寬容的性格

努力改變
多疑猜忌的性格

　　有些人生性多疑，看到有人相互講句悄悄話，便疑心他們是在講自己；別人心裡不高興，臉色不好看，就疑心是對著自己的；別人無意間講句不滿的話，又疑心是指桑罵槐等等。要知道，這種無端生疑的消極作用很多，既影響人際相處，又影響自己的情緒，有損心理健康。

　　在現實生活中，因為捕風捉影、疑神疑鬼而引起的謾罵、鬥毆，甚至兇殺的事也時有發生，可見多疑的心理也能成為悲劇、災禍的根源。

　　那麼，如何改變多疑的心理呢？這還需從多疑心理的形成說起。

　　心理學家認為，多疑是由於「自我安全感」缺乏所產生的。一個人老是擔心自己在人際關係中處於不安全的地帶，他就難免會對周圍環境疑慮多端、憂心忡忡了。

而人的自我安全感又往往取決於自信和他信兩方面。

一、自信

常言道「爲人不做虧心事，半夜敲門心不驚」。一個人有了充分的自信，就不會時時爲疑心所圍，別人的態度甚至閒言碎語，就不會使自己過敏，也不會計較。

「誰人背後無人說，哪個人前不說人？」幾句議論又算得了什麼？在許多情況下，不是別人對你有成見，而是多疑使你產生了別人對你有成見的錯覺，而這又會反過來影響到你對別人的情緒和看法，從而真的使別人對你產生不良的看法。如果自己確有不夠檢點的地方，又怕別人背後議論自己，以致疑心重重的話，那就要敢於承認自己的缺點錯誤，堅決改正。這樣，別人也就無可非議了。

二、他信

他信也就是對別人的信任。通常，人們對自己信得過的人，不大會產生猜疑；反之，越是自己不信任的人，越容易疑神疑鬼，總以爲別人是在和自己作對。因此，多疑的人應特別注意和別人相處時應直言相告（要注意方式方法），坦誠相處，有了彼此間的信任，猜疑的心

培養豁達寬容的性格

理就不存在了。

如果對某人一旦產生了猜疑，則更應如此，可以主動與對方接觸，開誠布公地談一談，互相交心通氣。這樣不但可以消除誤會，驅散疑雲，還能加增進彼此間的友誼使彼此的關係更融洽、能互相信任，有利於團結一致、攜手前進，因多疑而引起的焦慮苦惱也就一掃而光。

因此，建立自信，並與別人真誠相處是改變多疑心理的基本辦法。同時，還需注意以下兩點：

一、拋棄成見和自我暗示

一般，多疑的人往往是在主觀意識上，會先假設別人對自己不滿，然後把生活中許多無關的事牽扯在一起，來證明這個成見是正確的。有一些還是無中生有地製造出來的，甚至把別人的善意曲解為惡意。真是「無端愁緒憑空來，全因猜疑生風雨」。

因此，猜疑也是一種自我暗示的心理，它預先主觀地設定一個框框，然後按圖索驥，按框框取捨資訊，進行自我論證。結果，疑心病越來越重。於是，消除猜疑還必須拋棄成見和這種自我暗示。

二、尊重客觀事實

　　產生了猜疑心，就如同是烏雲遮住了陽光一樣，妨礙自己去觀察事實的真相。所以，對於周圍的人和事，必須善於觀察，善於調查分析，一定要保持冷靜客觀的態度去觀察、分析、思考問題。當然，要真正做到這點，還是比較困難的。這時，可以請自己信得過的人幫忙參謀分析，消除一切荒唐可笑的想法。另外，遇事可多往好處想，通常，人在高興和感激的時候，不大會多疑。許多事情，別人本來無心，你卻往壞處想，就會想出問題來。

有人緣的小孩
更有競爭力
COMPANIONABLE KIDS
HAVE COMPETITIVE ADVANTAGES

CHAPTER 07

抑制衝動，
　　培養自律的性格

　　謨克里特說：「和自己的心鬥爭是很難堪的，但這種勝利則代表著這是深思熟慮的人。」

　　這句話正是對善於自律者的一種肯定。

　　學會自我約束，抑制衝動，對我們的終生都有莫大的益處；青少年培養自律的性格，在人生的道路上會走得更平穩，更燦爛。

COMPANIONABLE KIDS
HAVE COMPETITIVE ADVANTAGES

培養自律的性格

約束自己去做
正確的事情

一位著名的作家說：「要想征服世界，首先要學會控制自己。」

控制自己並不是一件容易的事情，因為我們每個人心中永遠存在著理智與感情的鬥爭。自我控制、自我約束也就是要一個人：按理智判斷行事，克服追求一時感情滿足的本能願望。一個真正具有自我約束的人，即使在情緒非常激動時，也是能夠做到這一點的。

一個人的自制力主要表現在如下幾個方面：

一、對自己言行的控制能力

對自己言行的控制能力表現在發動與克制兩方面：尤其是表現在，能否去做那些自己不感興趣、不願去做卻又必須去做的事；又能否不去做那些自己很想做、很感興趣但又不能去做的事。

二、對自己個人直接慾望的控制能力

人的行動是由人的需要、慾望所引起的，青少年的
行動更多的是他們的需要、慾望的直接表現。因此，對
自己的需要、慾望的控制力就是其意志自制力的重要表
現。

如：能否控制自己不合理的需要，合理的需要暫時
不能滿足時是否能控制自己，為了他人和群體的利益能
否控制自己的某些需要等等。

三、對自己情緒、情感的控制調節能力

對自己情緒、情感的控制調節能力主要表現在：能
否控制自己的消極情緒和不良心情，能否控制自己保持
學習的熱情，能否忍耐與消除不滿情緒，能否在遭受挫
折時控制情緒的強烈波動等等。

對自己情緒的控制能力是意志自制力的重要表現，
所謂「理智控制情感」，實際上就是用意志的力量使情
緒服從理智。

根據意志自制力能力的不同，可分為如下幾種情
況：一是自制力強，無需外在監督就能控制自己的言行、
慾望與情感；二是自制力較強，基本上能自控，只是偶
爾需外在提醒和幫助；三是有時自制力較強，有時自制

培養自律的性格

力較差，需外在幫助和一定的外在監督；四是自制力較弱，在外在監督下才能表現出自制力，如：強制性遵守紀律，也就是在他人控制下實現自控；五是自制力極差，即使有外在強制性監督，也難於自控，經常違反紀律，不遵守行為規範，常有不良行為。

因此，青少年要學會抑制衝動，培養自律的性格。

自律對成長具有
重要的意義

　　如果一輛汽車光有發動機而沒有方向盤和剎車的調節，汽車就會失去控制，不能避開路上的各種障礙，就有撞車的危險。一個想要有所成就的人如果缺乏自制力，就等於失去了方向盤和剎車，必然會「越軌」或「出格」，甚至「撞車」、「翻車」。

　　控制自己不是一件非常容易的事情，因為我們每個人的心中永遠存在著理智與感情的鬥爭。自我控制、自我約束也就是要一個人：按理智判斷行事，去克服追求一時感情滿足的本能願望。一個真正具有自我約束的人，即使在情緒非常激動時，也是能夠做到這一點的。

　　自我約束的表現為一種自我控制的感情。自由並非來自「做自己高興做的事」，或者採取一種不顧一切的態度。自己要戰勝自己的感情，證明自己有控制自己命運的能力。如果任憑感情支配自己的行動，那便會使自

185

培養自律的性格

己成為感情的奴隸。一個人，沒有比被自己的感情所奴役更不自由的了。

我們每個人都在透過努力，做一些使自己的生活更有意義的事，並且向著未來的目標奮進。但是，生活在現實的世界中，我們絕不應該採取僅使今天感到愉快的態度，而絲毫不顧及明天可能發生的後果。

我們的感情大都容易傾向於獲得暫時的滿足，所以我們要善於做好自我約束。但是須注意的是，那些提供大量暫時滿足的事，通常都是一些對我們長期的健康、快樂和成功最有害的事情。因此，在追求一種有意義的生活時，我們應當努力預測自己所從事的事情對將來可能產生的後果。

不論你現在如何享受目前的生活，深謀遠慮總是有益於你去思考你的未來。不要以為未來是一個非常遙遠的事情，它遲早會到來的，而且幾乎總是比人們預期的要早。

面對未來去做思考，這是一個培養正確理解現實能力的問題。那些總是失敗的人，一再使用「我沒有另外的選擇，我不得不這樣」這種藉口。而實際上是他們不

願做出下面的抉擇：付出短期不自在的代價，換取享受長期的更大的報償，一個沒有養成自我約束習慣的人，可能反覆地屈從於一些誘惑，而從事一些不該做的事，這種錯誤的後果甚至會嚴重到能長期影響一個人的成敗。

用了同樣的努力，有人成功了，有人則失敗了。他們可能都知道成功的途徑，但他們之間有一個主要的不同是在於，成功者總是約束自己，去做正確的事情，而無法成功的人總是容忍自己的感情佔上風。

正如有人所說：「我常常做錯事，但我的預見很少出錯。」

要具備自我約束的能力，就必須不斷地分析自己的行動可能帶來的長期後果；同時必須不屈不撓地按照符合自己決心和長期的最大利益的決定而行動。要做到自我約束，就必須抑制人的感情衝動。

人們行動的基礎，通常可分為兩種：根據感情衝動或根據自我約束。感情衝動地行事，無異於是一種失去控制的危險生活。然而，我們卻依舊憑感情衝動行事，實踐中經常發生的是：當一人群人朝著一個方向行走，

培養自律的性格

而你的理智或常識告訴你，那是一個錯誤的方向時，你
自我約束的能力就會受到嚴重的考驗。這時也正是你必
須運用自我約束的力量，壓倒你隨著潮流時那種短暫舒
服感受的時候，要提醒自己，這個潮流從長遠來看並不
正確。

　　每一個人都必須具有自我約束的能力，不讓別人用
次要的計劃或無關的事情將你拉離開軌道。我們必須要
有自我約束能力，保持頭腦不受種種雜念的干擾，不去
想還有什麼其他事應當去做等等，從各方面不斷轟擊我
們的頭腦的雜念。自我約束、專心致志，是通向成功的
必經之路。

　　人是有慾望和需求的，如果對慾望和需求不加以約
束和克制，慾望就會自我膨脹。食慾、性慾是人的兩大
最基本的慾望，是人作爲自然界的一份子所展現出的自
然屬性；人還有權慾、名利慾、佔有慾、貪慾，所有這
些都是人生活在社會中，受到社會環境影響所產生的。
道家所提倡的「清心寡慾」是對待慾望的一種方式，而
還有另一種方式，就是不加克制地任由慾望膨脹，其結
果是相當可怕的。

從本質上來講，自律就是你被迫行動前，要有勇氣自動去做你必須做的事情。自律往往和你不願做或懶於去做，但卻不得不做的事情相聯繫。

在現實生活中，自律對人的成長和進步以及整個社會生活的正常化，都有著十分重要的意義。古今中外，人們均高度重視自律，重視自身的品德修養。儘管自律的形式多樣，概括起來，主要有三種：

一、自識

自識即人對自我的認識。這種認識是多方面的，包括生理機制、心理素質、智能特點、行為特點等等。但從個人修養角度來說，則主要在於個體應客觀地、全面地、正確認識和評價自己，為做好自律打下良好的基礎。這就是所謂的「自知者明」。不能自識、自知，就無從自律，在行動中就會因盲動而招致失敗。只有對自己先有自識，才能自覺的按客觀規律嚴於律己，在行動中獲得成功。

二、自省

自省即自我反省、自我監督、自我檢點。它是在自識的前提下進行的。透過自省，發現自己思想深處存在

培養自律的性格

的種種問題，及時加以糾正和克服。孔子的學生曾參說：
「吾日三省吾身」。唐代著名的文學家韓愈也說：「早
夜以思，去其不如舜者，就其如舜者」。可見古人對自
省的高度重視。

三、自責

自責即自我責備、自我剖析、自我檢討。它是自我
的進一步發展與深化，也是自省的結果付諸表面行動的
過程。自我檢討歷來就是成就大業者，自我教育和自我
改造、開誠佈公承認錯誤和公開改正自己錯誤的最佳方
式。凡是在修養上卓有成效者，都是嚴於自我剖析、勇
於自我批評的人。

克服
容易衝動的性格

　　性格衝動的孩子通常都比較聰明、反應快，容易興奮，精力旺盛；思想單純，少有保守觀念，富有進取心；易感情衝動，心血來潮；較直率熱情，但往往熱情有餘而理智不足；在表達愛情的方式方面，他們往往過於直接；這種人喜歡以自我為中心，為人處世更多的是站在自己的角度，而不是站在他人的角度來考慮問題；應對方式情緒化，缺乏自我控制的能力，好走極端；在生活中常常隨便發脾氣，無故招惹別人，說難聽的話；擁有這種性格的孩子一般都較沒有耐性，他們喜歡急於求成，他們的挫折容忍力小，做事缺乏堅持性。

　　激情奔放的力量若不加以控制，則會過猶不及，使你的心志失去平衡，而這正是可能導致你失敗的地方。你唯一的對策便是控制自己，控制衝動，像駕馭烈馬一樣，如果此時此刻你能夠保持理智，克制冒險的衝動，

培養自律的性格

不受外在的誘惑，坐懷不亂，那麼你的定力便足以使你
在往後的日子裡遇事冷靜，不會亂無思緒！

　　人需要激情，需要冒險，也需要保持這樣的激情和
冒險精神，但是冒險和激情絕對不能是亂無思緒的，而
必須是理智清醒的，必須是建立在充分獲得信息的客觀
分析的基礎之上的。這一切都需要修煉，而不是頭腦一
熱，一衝動就行的。

　　為了更加有效地利用你的激情，為了增加冒險的成
功係數，一定要適度地進行自我控制，防止衝動和魯莽。

　　自我控制是個人對自身的心理與行為的主動掌握，
是個體自覺地選擇目標，在沒有外部限制的情況下，克
服困難，排除干擾，採取某種方式控制自己的行為，以
確保目標的實現。自我控制是人的意識對自我的協調、
組織、監督、校正、調節的作用，使自己的整個心理活
動系統，做為一個能動的主體與客觀的現實相互作用。

　　自我控制行為的出現，首要的一個前提條件，就是
要具有自我控制的意識，也就是一個人必須在認知上形
成明確的觀念，認識到自己應該管住自己。而一個人自
我控制意識的形成是與其對制度、規則的清楚認知以及

自身行為對自己及他人的影響認知有密切相關的。

也就是說，在規則認知或行為後果認知的基礎上，一個人出於對規則、制度的遵守，或者是為了避免由於自己的行為，對自己與他人造成不利的影響，而出現抑制自己的衝動，抵制外界的誘惑，從而表現出自我控制的行為。

衝動的性格其實是最難成大事的性格，也是最具破壞性的性格。許多人經常都是在情緒衝動時，做出使自己後悔不已的事情來，因此，父母應該教導孩子採取一些積極有效的措施來控制自己衝動的情緒。

一、想一想，再去做

易衝動的人在行動前常常不假思索，很少考慮到行為的後果，也不會去考慮到該行為的利與弊，從而相應的採取一種適宜的行為方式。

為了提高自己的自我控制能力，就應該試著在做事之前先想一想，根據自己以往的生活經驗或他人的經驗，想一想這麼做會有什麼樣的結果，自己個人以及對你周遭的人，會產生哪些有利的和不利的影響，在此基礎上，對自己的行為進行調控，採取適宜的行為方式。

培養自律的性格

　　在遇到較強的情緒刺激時，應強迫自己冷靜下來，迅速分析一下事情的前因後果，再採取表達情緒或消除衝動的「緩兵之計」，盡量使自己不陷入衝動、魯莽和輕率的被動局面。比如，當別人惡意地諷刺、嘲笑你時，如果你頓顯暴怒，反唇相譏，則很可能引起雙方爭執不下，怒火越燒越旺，自然於事無補。但如果此時你能提醒自己冷靜一下，採取理智的對策，如用沉默為武器以示抗議，或只用寥寥數語正面表達自己受到傷害，指責對方無聊，對方反而會感到尷尬。

二、學會從別人的角度考慮問題

　　自我控制是個體對自身心理與行為的主動掌握。透過自我控制，發展自身的適宜行為，而避免不適宜行為的產生。因此，一個人的不自控行為常常會伴隨著產生一些不良的後果。

　　衝動型性格的人由於自我中心化的傾向較強，他們往往是站在自己的角度，而不是站在他人的角度來考慮問題，只根據自己的意願行動，而很少考慮到他人。

　　因此為了克服這種弱點，應該有意識地培養和提高自己的立場轉移能力，提高自己對他人情緒情感的敏

感性，學著多站在他人角度去感受和理解自身行為，對他人所造成的影響，從而有意識地控制和調整自己的行為，以提高自我控制的能力。

三、生氣時努力轉移自己的注意力

使自己生氣的事，一般都是一些觸動了自己的尊嚴或切身利益，很難讓自己一下子冷靜下來，所以當你察覺到自己的情緒非常激動，眼看控制不住時，可以及時採取暗示、轉移注意力等方法來作自我放鬆，鼓勵自己克制衝動。言語上的暗示如「不要做衝動的犧牲品」，「過一會兒再來應付這件事，沒什麼大不了的」等等，或轉而去做一些簡單輕鬆的事情，或去一個安靜平和的環境，這些方式都很有效。

人的情緒往往只需要幾秒鐘、幾分鐘就可以平息下來。但如果不良情緒不能及時轉移，就會引起更加強烈的不良情緒反應。比如，憂愁者越是朝憂愁方面去想，就越感到自己有許多值得憂慮的理由；發怒者越是想著發怒的事情，就越感到自己的發怒完全是應該的。

根據現代生理學的研究，人在遇到不滿、惱怒、傷心的事情時，會將不愉快的訊息傳入大腦，逐漸形成神

培養自律的性格

經系統的暫時性聯繫，形成一個優勢中心，而且越想越鞏固，越日益加重；如果馬上轉移情緒，想高興的事，向大腦傳送愉快的訊息，爭取建立愉快的興奮中心，就會有效地抵禦並避免不良的情緒反應。

四、在冷靜下來後，思考有沒有更好的解決方法

在遇到衝突、矛盾和不順心的事情時，不能一味地逃避，還必須學會處理矛盾的方法，一般採用以下幾個步驟：

一、明確衝突的主要原因是什麼？雙方分歧的關鍵在哪裡？

二、解決問題的方式可能有哪些？

三、哪些解決方式是衝突一方難以接受的？

四、哪些解決方式是衝突雙方都能接受的？

五、找出最佳的解決方式，並採取行動，逐漸積累經驗。

克服
感情用事的習慣

　　人非草木，孰能無情？喜怒哀樂，乃人之常情。遇順心之事，心中暗喜，面露笑容；遇煩惱之事，愁眉苦臉，悶悶不樂；遇傷心之事，鼻子發酸，乃至失聲痛哭；遇激憤之事，怒火衝天，怒容滿面。

　　但是，人的感情是具有社會屬性的情緒或情感，它受理智的控制和調節，感情的表現必須符合特定歷史時期的社會規範或風俗習慣。如果任憑感情自然發展和顯露，不繫之理智的大繩，而做出違背社會規範或風俗習慣的事來，即是俗稱之「感情用事」。

　　那麼，青少年該如何克服「感情用事」的習慣呢？可採用以下幾種方法：

一、自我暗示法

　　人具有對自己的主觀世界或心態進行知覺的能力。當人們知覺到自己是屬於「感情用事」者時，就應當有

培養自律的性格

意識地加以改正。在遇到愉快或煩惱之事，處於激情狀態時，就應該進行自我暗示：「我有感情用事的習慣」，「不能再輕舉妄動，應當冷靜下來仔細分析，理智地對待此事」。

透過自我暗示，可達到產生「壓抑作用」的效果。即把不被社會允許的念頭、情緒情感和衝動，在不知不覺中壓抑到無意識中去。這是克服「感情用事」習慣的最基本方法，其他方法都只能在此基礎上產生。

二、反向作用

即自我為了控制或防禦某些不被允許的感情衝動，而有意識地做出相反方向的舉動。如：同學之間鬧彆扭，想發洩一下自己的不滿情緒，或吵架或打鬥，但這只會使彼此的關係越來越糟。如果相反，暫時違背心願地對對方好一些，更關心禮讓一些，對方就會改變態度。待雙方冷靜後，兩人再溝通，不滿的情緒消失了，就不至於鬧到勢不兩立、不可開交的地步。

三、宣洩作用

「自我暗示法」和「反向作用」都只能起到暫時壓抑能量——情感衝動的作用和問題的本身，並未得到根

本解決。因此，最終要解決問題必須對積蓄於內心的能量予以「支出」或「釋放」，尋找適當的機會，進行感情宣洩。比如事後與當事人溝通，向第三者（自己依賴的人）表露自己的真實感情等。這樣，既能克服感情用事的習慣，又能使自己的心態恢復平衡。

養成
自律的性格

　　要孩子學會自律，善於自律，就必須提高孩子的自制力。

　　自制力就是一個人善於控制和支配自己行動的自我調節能力。自制力是一種可貴的品質，它能使自己的行為服從道德價值目標。如果在道德選擇中缺乏自制力，就會出現行為的失控。自制力也是一種意志品質，它通常反映著一個人對自己情感、情緒、願望、習慣與愛好等心理方面的控制能力。

　　讓孩子學會自律，善於自律，還必須在生活實踐中鍛煉。實踐可以考驗自律，強化自律。在實踐的過程中，可透過一系列切實可行的具體方法加強自律。

一、自我規劃

　　規劃的目的在於促使自律目標的實現。當然光有計劃並不能使自律有所成就，還需要有行動才能使自我系

統運作起來。但自我規劃畢竟是行動的前提，無此便不會產生理想的自律結果。規劃的方法有很多種，諸如寫決心、列項目、提方案等均是。還有一種就是樹立楷模，運用楷模形象可以使孩子不斷的要求與激勵自己。

二、自我糾偏

孩子在實踐中常會出現一些偏差，甚至養成一些不良習慣。一個善於自律的人，可以透過自制力的作用，進行不良行為的自我糾正。

糾正的辦法主要是實施負自我強化。一般分三步驟進行，即習慣解凍，習慣轉變和新行為凍結。習慣解凍是使自己跟已習慣的環境、條件與來源做隔離，嚴格的自我檢討，設計新的行為標準；習慣轉變是將新行為由外部行動向內部心理的運作轉化，加強自我監督，強化新行為；新行為凍結是保持強化環境，使新行為成為新習慣，或透過漸進式的強化，防止新行為絕斷。

三、把握正確的原則

原則性也是一種責任心，正己也要講原則，即常講的「較真」。原則有大小層次之分，所有規範、制度、紀律等都是原則。

培養自律的性格

四、持之以恆，永不懈怠

俗話說：「善始容易，善終難」，必須持之以恆、善始善終，才能錘煉出高度自律的品格。大凡成績卓著者，均是數十年如一日，專心致志自律的結果。只有從點滴開始，堅持不懈，才能使科學的自律不斷鞏固與發展。

CHAPTER 08

戰勝消極，
培養快樂的性格

　　理學家愛德華・迪納認為，快樂是一種「心情」，但更是一種「性格」。

　　快樂的心情時有時無，但快樂的性格卻是時時相伴的，它能幫助你戰勝各種消極的思想。

　　讓青少年努力培養快樂的性格，有利於他們的健康成長，而且會使他們終身受益。

COMPANIONABLE KIDS
HAVE COMPETITIVE ADVANTAGES

培養快樂的性格

快樂的性格
使人生更美好

　　保持心情愉快的習慣，可以讓人的心靈倖免於痛苦、絕望。愉快的經歷能培養開朗的性格，給生活留下美好的回憶。快樂是一種心理習慣，一種個性化的生活態度，一種健康的氣質。

　　要使快樂變成一種心理習慣，就必須能夠時時處處尋找快樂，發現快樂。波蘭作家顯克維芝筆下的「小音樂家」楊科，在他的世界中，處處都有著美妙無比的音樂；然而在別人聽來，那只不過是平淡無奇的蟲吟蛙鳴，風聲鳥語以及流水和車輪聲罷了。這就像是色盲的人感受不到色彩的美，鼻塞者嗅不到任何氣味。在不順心的時候，在遇到悲哀的情景和無法避免的困難的時候，如果我們能以愉快的心情來對待它，那麼，它很可能就會變得微不足道，變得有益且鼓舞人。

　　養成快樂的習慣，帶著微笑生活，那麼，我們就會

成為情緒的主人，而不是被外界情況所支配。比如，在一次約會時，對方遲到了十來分鐘。一般人不免要生氣，喜歡自尋煩惱的人更是會製造出種種不愉快的猜測：比如，故意擺架子，故作矜持，想甩掉我，等等。但有了快樂習慣的人，卻常常這樣想：準是誤了事，或者是公司有重要的事，於是能十分的諒解對方，自己也避免了不愉快情緒的干擾。「幹嘛要把事情想得那麼糟呢？」這是快樂的人常說的話。

對生活抱持快樂態度的人，其性格特徵通常是開朗、豁達、豪放的，而在生活中不能感受快樂的人，通常都是那些心胸狹窄、脾氣古怪、性格孤僻、好挑釁或好顧影自憐的人。林黛玉之所以難以開顏，這跟她的小心眼兒、處處愛使性子分不開。所以，要使快樂成為自己面對生活時的態度，還須從改變自己的性格入手。

蕭伯納曾經說過：「如果我們感到可憐，很可能會一直感到可憐。」

一位哲學家指出：人受困擾，往往不是由於發生的事實，而是由於對事實的觀念。當我們覺得不開心的時候時，不妨先分析一下自己性格上的弱點，是因為急

培養快樂的性格

躁易怒而不快呢？還是因爲妒忌自大的性子？要學會耐
心，冷靜地對待生活。如果是後者，那就更需要加強思
想修養，學會寬厚待人，培養謙虛美德。美好的性格，
高尚的品德，是快樂的支柱和依附之處。

在生活中
獲得快樂

　　一般字典上對快樂下的定義多半是：覺得滿足與幸福。德國哲學家康德則認為：「快樂是因為我們的需求得到了滿足」。的確，快樂是一種美好的狀況，也就是沒有不好或痛苦的事情存在，你覺得個人及周圍的世界都很不錯。在生活中，青少年該如何才能獲得快樂呢？

一、主動尋覓、用心追求才能得到

　　追求快樂之道，有一個大前提：那就是要瞭解快樂不是唾手可得的。它既非是一份禮物，也不是一項權利；你得主動尋覓、努力追求，才能得到。當你領悟出自己不能呆坐在那兒等候快樂降臨的時候，你就已經在追求快樂的路途上跨出了一大步了。怎麼樣？感覺不壞吧？先別樂，等你走完其他九步之後，你就能達到快樂的真正境界。

二、擴大生活領域、嘗試新的事物

培養快樂的性格

當你肯嘗試新的活動，接受新的挑戰的時候，你會因為多發現了一個新的生活層面而驚喜不已。

學習新的技術、開拓新的途徑，都可以使人獲得新的滿足。可惜許多人往往忽略了這一點，平白喪失了使自己發揮潛能、獲取快樂的良機。

許多人以為自己應該等待一個適當的時機，以穩當的方法去開拓前程。這種想法未免太過於保守，因為那個適當的時機可能永遠不會到來。任何人的生命都不是精心設計、毫無差錯的電腦程式，所以應該隨時有準備迎接挑戰的勇氣。

三、天下所有的事情並非只有一個答案

追求快樂的方式很多，不光是只有你死心眼認定的那一個。一般人往往認為自己這一生只能成功地擔任一種工作，扮演一個角色，甚至以為如果不能得到或做到這一點，自己就永遠不會快樂，這種想法也未免太狹窄了。不能達到目標固然痛苦，可是這並不表示你從此就與快樂絕緣了，除非你自己要這樣想。

對事物應採取彈性的態度，不要冥頑不靈，記住任何最好的事物，都不一定只有一個方法或答案。當然這

並不是要你放棄實際、可行、夢寐以求的目標，而是鼓勵你全力以赴，使夢想實現。

四、敢於追求夢想與希望

蕭伯納有一句名言：「一般人只看到已經發生的事情，而說為什麼會如此呢？我卻夢想從未有過的事物，並問自己為什麼不能呢？」

年輕人尤其應該要有夢想、有希望，因為奮鬥的過程和達到目標一樣，都能使人產生無比的快樂。你要有勇氣夢想自己能成為一位名醫、明星、傑出的科學家或作家……等，而且要全力以赴，奔向理想。

當然你的夢想必須是合理和具體可行的，不要好高騖遠，空做摘星美夢。比如：你天生一副烏鴉嗓子，就別夢想變成畫眉鳥！還有，你要記住，就算你無法達到這個目標也並非世界末日。布朗寧曾說：「啊！如果凡人所夢想的都唾手可得，那還要天堂做什麼呢！」

五、只跟自己比，不和別人攀

從我們懂事以後，我們就感受到「成就」的壓力，這種壓力隨著年齡的增長愈來愈強烈。因此年輕人處處想表現優異，認為自己一定得要十全十美，別人才會接

培養快樂的性格

納自己、喜歡自己。一旦發覺自己處處不如人時，就開始傷心、自卑，結果當然毫無快樂可言。

所以你應該用自己當衡量的標準，想想當初起步錯在那裡？如今有無進展？如果你真的已經盡了力，相信一定會是今天比昨天好，明天比今天更好。

六、關心周圍的人和事

假如你對某些人、事、物很關心的話，你對生命的看法一定會大大的改觀。如果你只為自己活，相信你的生命就會變得很狹隘，處處受到局限。以自我中心的人也許會不斷地進步，但是卻永遠不易感到滿足。

那麼你應該關心什麼？關心誰呢？張開眼睛看一看，我們雖然平凡，至少可以幫同學做做值日生，幫老師收收作業本……只要付出一點點，你就會快樂些。心理學家艾力遜曾經說過：「只顧自己的人，其結果只會變成自己的奴隸！」可是關懷別人的人，不但能對社會有所貢獻，更可以避免只顧自己，而過著枯燥乏味、毫無情趣的生活。

七、不要太自信，也不能沒信心

過分樂觀的人總以為自己一定能達成所有的目標，

因而忽略了沿途的險惡，極端悲觀的人老是認為成功的希望是非常的渺茫，不敢邁步向前。這兩種人都因此而失去了許多機會。

選定目標時，態度要客觀，判斷要實際，不要太有把握、掉以輕心，也不可缺少信心、畏首畏尾。

八、步調太急時要放慢一點

你可能從早到晚忙這忙那，像個陀螺似的團團轉。可是當你停下來思索片刻時，會不會覺得不太舒服，不夠滿意呢？許多人因為害怕面對空虛，就用很多瑣事來把時間填滿，結果使生活的步調繃得太緊，反而得不到真正的快樂。

你可以把你所做的事全列出來，看看哪些是可以刪除的，如此你才能挪出一點空閒的時間，好好輕鬆一下。閒暇也像一種奢侈品，可以使你感到滿足。

九、臉皮可以厚一點

根據專家的調查研究，使人覺得滿足的特點之一就是不要太在乎別人的批評，換句話說就是臉皮要厚一點。不要因外來的逆流而屈服，不要因為別人的冷言冷語就傷心氣憤，以為自我受了莫大的傷害。不過你倒是

培養快樂的性格

應該心平氣和地反省一下，如果別人的批評是正確的，你就該改進向上。如果批評是不公正的，何不一笑置之呢？也許剛開始，你不太能掌握住應付批評的對策，因為你也許會很敏感，難免會有情緒上的反應，可是你要練習控制自己，這種技巧是終生受用不盡的。

　　快樂的滋味如人飲水，因人而異。能使別人快樂的事物不一定能使你快樂。唯有你自己才知道該如何去追求快樂。千萬別守株待兔，快樂是隻狡猾的兔子，你可得努力用心的去追尋才能得到。

去除內心
消極的念頭

　　有個鐵匠把一根長長的鐵條插進炭火中燒得通紅，然後放在鐵砧上敲打，希望把它打成一把鋒利的劍。但打成之後，他覺得很不滿意，又把劍送進炭火中燒得通紅，取出後再打扁一點，希望它能作種花的工具，但結果也不如他意。

　　就這樣，他反覆的把鐵條打造成各種工具，卻全都失敗。最後，他從炭火中拿出火紅的鐵條，茫茫然不知如何處理。

　　在無計可施的情形下，他把鐵條插入水桶中，在一陣嘶嘶聲響後說：「唉！起碼我也能用這根鐵條弄出嘶嘶的聲音。」

　　如果我們都有故事中鐵匠的心胸，還有什麼失敗和挫折能夠傷害我們呢？

　　每一個問題裡面都藏著解決的方法，只要我們真正

培養快樂的性格

拿出行動，用積極的心態去面對，事情就終有解決的時候。不管情緒有多痛苦，如果我們按照下述六個步驟去做，就可以很快地消除消極的念頭，進而找出脫困的方法。

一、確認我們真正的感受

人們並不是能經常的確切知道自己真正的感受，而是常常一頭栽進那些負面的情緒裡，承受不當的痛苦折磨。其實他們並不需要這麼苦待自己，只要稍微往後退一步，問問自己這句話：「此刻我是什麼樣的感受？」如果直覺地感到憤怒，那麼再問問自己：「我真是覺得憤怒嗎？抑或是其他？也許我真正的感受只是覺得自尊心受了傷害，或者覺得自己損失了些什麼。」當我們明白了真正的感受，只是受傷或者受損失，那麼它對我們的影響就不如憤怒那樣來得強烈。

只要我們肯花點時間去確認真正的感受，隨之針對情緒提問一些問題，那麼就能降低所感受情緒的強度，以客觀且較為理性的態度處理問題，自然就能更快且更順手了。

二、肯定情緒的功效，認清它所能帶給我們的幫助

如果我們依賴情緒，就算是對它並不完全瞭解，也應該明白它具有幫助我們的功能，從而我們就可走進內心的煎熬，很容易找出問題的解決之道。一味地壓抑情緒，企圖減輕它對我們的影響不但沒用，反而會更加纏著我們。

因此，對於一切我們所認為的「負面情緒」都該重新檢討，給它們重新定位，日後當我們再遇上相同的情況時，那些情緒不但不再困擾我們，反倒能帶我們走出另一片天空。

三、好好注意情緒所帶來的訊息

當我們有某種情緒的反應時，不妨帶著探究的心理，去看看那種情緒真正帶給我們的是什麼。此刻我們到底得怎麼做才能使情緒好轉？如果我們覺得孤單，不妨問問自己：「我是不是真的孤單呢？亦或是自己曲解了，事實上我的周圍有不少朋友？如果我能讓他們知道我要去看他們，他們是否也會很樂意來看我呢？這種孤單的感覺是否提醒我該拿出行動，多跟朋友聯繫呢？」

只要我們對情緒有真正的認識，那麼就必然能從其中學到很多重要的東西，不僅在今天能幫助我們，在未

培養快樂的性格

來也是如此。

四、要有自信

我們對自己要有信心，確信情緒是能夠隨時掌控的。掌控情緒最迅速、最簡單且最有效的方法，就是記取過去曾經有過的經驗，然後針對目前的狀況，擬出可以讓我們成功掌控情緒的策略。由於過去我們曾面對並處理過這種情緒，而現在對情緒又有了新的認識，相信這可以幫助我們怎樣擬定策略。

如果我們現在正處於某種情緒，那麼請我們停下來回想一下過去類似的情緒經驗，當時是怎麼解決的？有無改變自己的意願？有無對自己提問某種問題？我們是何種認知？有沒有採取新的行動？要如何拿來作為這一次的參考？只要我們決定按照上次成功的模式去做，帶著信心，那麼這一次依然會如上一次一樣的有效。

如果我們目前覺得沮喪，而這種情緒以前也曾有過，但當時順利地消除了，那麼可以這麼提問自己：「當時我是怎麼做到的？」是不是我們拿出了什麼新的行動？是出去跑了一趟呢？還是打電話找朋友吐訴了一番？如果那一次的方法有效，那麼這一次我們仍可以重

來一遍，我們將會發現這次的結果大致不差。

五、要確信我們不但今天能控制，未來亦然

要想未來依然能夠很容易地掌控情緒，我們必須對自己目前的做法有充分的信心才行，因為那在過去我們已經使用過，並且證明確實有效，如今我們只要重新拿出來使用即可。我們要靜下心來去回想、去感受當時的情景，讓怎樣順利處理的經過深印在我們的腦海之中。

六、要以振奮的心情拿出行動

之所以振奮，是因為知道自己可以很容易地掌控情緒；而拿出行動，是為了證明自己確有能力掌控，可千萬別讓自己陷於使不出力的情緒狀態之中。

當我們熟知這六個簡單的步驟，差不多就能掌控跟我們人生最有關的幾個情緒，如果這六個步驟我們又能運用得很靈活，日後就能很快地確認及改變情緒了。

培養快樂的性格

　　世界上對一切都感到心滿意足、事事稱心如意的人，大概是沒有的，至少是極少極少的。而失望，卻可能時時伴隨著我們。因為，每個人對所處的客觀環境和所接觸的人或事，都有著各式各樣的評價、期望和要求，其中合理的、現實的，能使心理需求得到滿足；而不合理的、不實際的，超越了客觀的現實、結果與期望相差甚遠，則會使人產生失望情緒。失望情緒輕者可使人無精打采、心灰意懶，重者則會使人萬念俱灰、一蹶不振，喪失生活的目標和信心。

　　那麼，怎樣才能預防失望情緒的產生呢？

一、期望要合理

　　許多失望情緒是因對期望不合理而產生的。比如你的語文課都還沒學好，就想當一名作家；你的外語還一竅不通，就想成為一名翻譯家……等等，這種不切實際

的空想，不僅無助於你成爲這個「家」、那個「家」，相反，它還會使人感到失望。

如果你自己努力的目標，是建立在切實可行的、經過努力可以達到的合理基礎上，那麼，你就能一步一腳印地穩步前進，不會受到失望情緒的干擾。

二、期望要靈活

世界上的事情是複雜的、多變的。能否根據不同的情況變化，不斷調整自己的需求目標，這是一門人生的藝術。以欣賞文藝演出爲例，如果你執著的抱著「非她（他）莫屬」的觀念不放，看喜劇非得周星馳，聽歌曲非得張惠妹，那樣你就難免會因演員變換或能力略遜而感到大失所望、嗟然歎氣。相反，倘若你的期望是靈活的、隨遇而安的，那麼，即使看不到、聽不到原來自己所期望的演員的表演，也不會因此而掃興沮喪了。說不定你還會爲另一名新演員的精彩表演而鼓掌喝彩呢！

三、期望要連續

有些人常常因一兩次考試不好而心灰意懶，在他們看來，似乎這一輩子也甭想考好，拿好成績了。這除了說明這些人把問題看得過於片面之外，還說明他們對事

物的期望是不連續的，即遭到幾次失敗後，他們就不再指望成功，不再努力了。而一個心理正常和成熟的人，對客觀事情不僅有合情合理的期望值，而且這種期望是始終如一的、連續的。他們絕不會因一兩次期望的失敗而灰心喪氣、悲觀失望。應把對成功的追求和期望，看成是一個不斷超越失敗、不斷探索進取的連續過程，即使這當中出現千萬次失敗，也要鍥而不捨地繼續堅持下去，直到取得成功。這種頑強的精神，對於克服失望情緒是極有價值的。

僅僅知道如何預防和克服失望情緒是不夠的，還要培養快樂的性格，讓自己時刻保持快樂的心境。

俗話說「笑一笑，十年少」，「嘻嘻哈哈人添壽」。怎樣才能使自己生活得快樂呢？民間早有「知足常樂」的說法。心理醫生認為，要想讓自己快樂，必須注意以下幾個問題：

一、淡化自我

要想使自己與快樂為伍，首先要不斷驅除心理上的煩惱與憂愁。而要做到這一點，最重要的便是淡化自我，樹立正確的人生觀。清代學者陳自崖曾說：「事能知足

常愜意，人到無求品自高。」這對於淡化自我、驅除煩惱、保持快樂來說，堪稱至理名言。

二、培養愛好

人的愛好多，生活就會變得豐富多彩，如集郵、種花、養鳥、垂釣、跳舞、下棋、看書、繪畫等，這些愛好可使生活多姿多彩。人的生活倘若陷入單調沉悶的「老調」，就不易感到快樂；而如果能去參加某項新開闢的活動，不僅可擴展自己的生活領域，而且還可以帶來新的樂趣。

三、自求多福

在生活中，如果太依賴他人，對他人期望過高，就容易失望。要樹立這樣的觀念：凡能靠自己爭取的，一定自己爭取，這可避免許多由於失望而帶來的苦果。

四、要有彈性

看問題要有彈性，要懂得「金無足赤，人無完人」的道理，對任何人和事都不可太苛刻，否則就會給自己帶來煩惱。

五、學會寬容

是指處理人事關係要豁達大度。在生活中，人與

培養快樂的性格

人之間會產生小摩擦的事難以避免，但只要你能嚴於律己、寬以待人，日久見人心，大度集群朋，你的人際關係自然會進入良性循環。

六、學會達觀

大仲馬說：「人生是由一串無數的小煩惱組成的念珠，達觀的人總是笑著念完這串念珠的。」

所謂達觀，就是要懂得社會人生變化的辯證關係，萬事如意只是一種良好的祝願，實際上萬事都按自己的主觀願望發展是不可能的。

培養
幽默的性格

　　學會幽默，也是培養快樂性格的一個重要的途徑。

　　對於「幽默」這個詞，我們也許並不陌生，然而、究竟什麼是幽默呢？心理學家認為：幽默是人的個性、興趣、能力、意志的一種綜合表現，它是語言的調味品。有了幽默，什麼話都可以讓人覺得醇香撲鼻，雋永甜美。它是引力強大的磁鐵。有了幽默，便可以把一顆顆散亂的心吸入它的磁場，讓每個人的臉上綻開歡樂的笑容。它是智慧的火花，可以說，幽默與智慧是對無法切割的連體嬰，是知識與靈感勃發的光輝。

　　幽默中滲透著一種堅強的意志；富有幽默感的人往往是一個奮力進取者；幽默也能展現出人的一種樂觀豁達的品格。幽默，具有神奇的魅力：可以使愁眉者笑逐顏開，可以使淚水盈眶的人破涕為笑；可以為懶惰者帶來活力，可以為勤奮者驅散疲憊；可以為孤僻者增添情

培養快樂的性格

趣，可以使歡樂者更愉悅……

　　幽默是人類智慧和文明的產物，也是一種受人喜愛的個性才情。

　　幽默是一個人能以意味深長、富有智慧的形式，輕鬆巧妙地揭露出事物的內在矛盾，造成出人意料的喜劇情趣。幽默常運用機智、風趣的言行引人發笑，讓人在微笑中進行聯想和推斷，從而領悟其中的意蘊。幽默是一種優秀的、健康的個性品質，是人類最可貴的才能。

　　生活需要幽默、需要歡樂。幽默是精神的緩衝劑。高尚的幽默，可以淡化矛盾，消除誤會，使不利的一方擺脫困境。幽默，是社交場合裡不可缺少的潤滑劑，可以使人們的交往更順利、更自然、更融洽。

　　幽默是健康生活的調味品。在公眾場合和家庭裡，當發現一種不協調的或對一方不利的現象時，超然灑脫的幽默態度，往往可以使窘迫尷尬的場面在笑語歡聲中消失。孩子與父母間的幽默還具有特殊的功能：在一方心情惡劣或雙方發生矛盾時，刺激性的語言無疑是火上加油；就是喋喋不休的規勸，也會事倍功半。而此時一個得體的小幽默，卻常常能使其轉怒為喜、破涕為笑。

即使到了劍拔弩張的程度，有時也可因一句巧妙詼諧的話語，而化「干戈」為「玉帛」。

幽默往往是有知識、有修養的表現，是一種高雅的風度。大凡善於幽默者，大多是知識淵博、辯才傑出、思維敏捷的人。他們非常注意有趣的事物，懂得開玩笑的場合，善於因人、因事的不同而開不同的玩笑，能令人耳目一新。

一個人要想培養幽默感，就得以一定的文化知識、思想修養為基礎，多學習那些詼諧、風趣的人開玩笑的方式、方法。至於那些性格比較內向、做事過於認真呆板的人，要學會欣賞別人的幽默，在社交過程中盡量讓自己輕鬆、灑脫、活潑，想辦法將話說得機智、委婉、逗笑。當然，剛開始嘗試時會感到不大自如，但只要我們在與他人的交往中不斷實踐，幽默感便會變得運用自如，而且幽默感往往會油然而生，使交往更加情趣盎然。

幽默是一門學問，是一門科學，它並不僅僅是引人發笑，況且引人發笑的並不都是幽默，它需要具備一些素質和特徵。幽默的前提是諧趣，這必然有滑稽的因素，我們能認識到的一切似乎是一種突然的頓悟，是一種愉

快感和包含笑的行為的具體感受。幽默的智慧是理智，它能將現實生活的豐富經驗、敏銳的洞察力、廣闊的知識融合起來，揭示出現實生活中的特殊矛盾，從中發掘喜劇情趣，創造出崇高的幽默。

幽默是一種高尚的機智反應。有些自以為幽默的人常將別人當作笑料，以求譁眾取寵，結果往往適得其反，真正的幽默是尊重他人、讚美他人，將嚴肅的人生哲理寓於滑稽與微笑之中，即使是貶抑偽惡，其實質是褒揚真善，幽默的高尚正展現在其中。幽默的價值是審美，美感是人們欣賞審美對像時，所產生的怡情悅性的情感體驗。幽默的美感反映在嬉笑戲謔中給人以輕鬆愉悅的感受，反映在靈活的言行中啟迪人的智慧。美感使得幽默永遠保持雋永迷人的魅力。

那麼，要怎樣培養幽默感和幽默表達能力呢？

一、幽默理解能力的培養

一個幽默的人首先是能理解幽默，即透過視覺和聽覺感知去理解。視覺幽默包括具有喜劇趣味的造型藝術（如雕塑、漫畫、攝影等），詼諧的行為姿勢，書面幽默語言藝術。只要留心觀察，生活中可笑現象和滑稽現

象隨處可見。關鍵在於我們是否能善於將喜劇情趣加之於這些對象，獲得「先睹為快」的意趣。相聲、快板、繞口令、笑話、滑稽小品等給人以快感和啟迪，它主要是透過聽覺幽默來理解。它注重語言的韻律和樂聲的幽默組合，讓人隨著聲音的聽覺刺激，形成出人意料之外，又在情理之中的幽默效果。

二、幽默表達能力的培養

幽默表達能力是人們借助一定的幽默形式，創造幽默效果的能力。表達幽默的形式很多，諸如透過漫畫、諺語、詩歌、文學、笑話、相聲、喜劇、音樂等方式都可表達幽默。其中特別重要的是努力提高言語幽默的技巧，語言是我們用以表達思想感情，與人交流的主要工具。

常用於言語交流的幽默技巧內容極為豐富，其主要內容有：

★語言要素的變易

諧音、繞口令、望文生義、拆字遊戲、詞義誤解等都是語言要素的變易。

★修辭方式的巧用

培養快樂的性格

　　歇後語、誇張、對偶、對聯、比喻等都屬於此類。運用這些手法，可達到心領神會的效果。

　　★邏輯法則的妙用

　　玩弄邏輯法則，如自相矛盾，偷換概念、歸納推理、類比反駁等，也能造成幽默的效果。

　　培養和提高幽默心理的能力，還要注意以下幾點：

　　★要仔細觀察生活

　　觀察生活，尋找喜劇素材，需要我們善於變換視覺，去發掘和表現這些素材。

　　★要充實知識經驗

　　說話，措辭輕浮不嚴肅者，即使偶有令人發笑之事，充其量只能視爲油腔滑調。

　　★要學習幽默技巧

　　幽默不是天生就會的，是後天學習掌握的。許多關於幽默的書籍和先人的經驗，都爲我們提供了不少範例，值得我們廣泛涉獵，借鑒之用。

　　★要敢於表達幽默

　　幽默能力只有在表達幽默的過程中，才能得到檢驗和提高，因而積極的實踐是至關重要的。選擇適當的場

合，針對適當的對象，都可顯示自己學習的幽默技巧。但是，必須注意的是，無論什麼時候，切忌將諷刺等同於幽默。「雅俗共賞，中而不傷」的幽默效果才是我們認真追求的目標。

三、增強你的幽默感

如果感到自己缺乏幽默感，你可以培養這種品質。人們不能夠展現出幽默或僅僅有一點幽默的原因有兩個方面：第一，大多數的時間裡，他們不欣賞幽默。其他人認為非常有趣的事情，他們往往持相反的觀點。第二，當某些事情看起來對他人非常有趣的時候，他們可能沒有什麼反應。當別人大笑的時候，這個人可能只擠出一絲微笑。這樣的人實際上可能喜歡有趣的笑話或情形，但是卻不願意表現出這種心情。

如果你是屬於上述的這兩種情形或其中的一種，請立刻改掉。如果你沒有看到其他人表現出來的幽默，你需要提高自己的幽默能力。這並不是意味著當其他人大笑的時候，你也要隨著附和。當你沒有感到幽默的時候，不要偽裝自己。偽裝自己只能讓自己感到更加的愚蠢。

可以嘗試下面的建議，以增強你的幽默感。

培養快樂的性格

★在困難或錯誤當中努力尋找幽默的因素

例如，如果你發現自己正在推一扇上面寫著「拉」的門的時候，設想如果這一幕出現在連續劇裡該多麼有趣。如果你為自己緊張的音調或結結巴巴而非常尷尬的時候，可以嘲笑自己的這種狼狽相。你的笑聲會引起其他人的同情，他們會給你機會再努力一次。要認識到，有些時候每個人都會說出與事先計劃不一樣的內容。

★當你不理解某個笑話的時候，可以向朋友請教

承認自己沒有看出妙語或理解幽默，這並不是什麼錯事。例如，你閱讀加里拉爾森的「遙遠」漫畫時，你可能不理解其中的幽默，這是因為你沒有足夠的科學知識來理解它。

★養成看電視喜劇的習慣，而且還要看有趣的電影和戲劇

與其他人討論其中有趣的內容。這些會幫助你增加對幽默的敏感度。

當別人大笑的時候，而你卻沒有這種感覺，那麼你就應該努力增強對幽默的反應。簡單來說，讓自己能夠更自然地表達出情感。首先，當你平常微笑或偷笑的時

候，如果讓你大聲地笑出來，也許會非常不舒服。但請記住，大聲笑是一種釋放情感的好方法。有一些這樣的經歷，你就能夠真正放鬆下來，並可以向其他人表明，你同樣具有對幽默的感受力。

有人緣的小孩
更有競爭力

COMPANIONABLE KIDS
HAVE COMPETITIVE ADVANTAGES

CHAPTER 09

遠離悲觀，
培養樂觀的性格

開朗樂觀，既是一種心理狀態，也是一種性格品質。

根據調查顯示，開朗樂觀的人不僅身體較為健康，而且婚姻生活較為幸福，事業上也較易獲得成功。

青少年從小學會遠離悲觀，培養樂觀的性格，對未來的成長和發展必將產生積極而深遠的影響。

COMPANIONABLE KIDS
HAVE COMPETITIVE ADVANTAGES

培養樂觀的性格

態度影響
生活的方式

　　樂觀和悲觀，是一個人生活遭遇的內在反應。樂觀者習慣於正向思考，總是看事情美好的一面；悲觀者則相反，總是設想最壞的狀況，甚至陷入負面能量中而無法自拔。樂觀態度或悲觀態度，影響著我們的生活方式。

　　態度對人的影響到底有多大？美國心理醫生做過這樣一個實驗：他們讓患者服用安慰劑。

　　安慰劑呈粉末狀，是用麵粉和糖加上某種顏色配製的藥丸。當患者相信藥力，也就是說，當他們對安慰劑的效力持樂觀態度時，治療效果就顯著。如果醫生自己也確信這個處方，療效就會更為顯著。

　　這一點已用實驗得到證實。醫生們堅信自己的治療效果，雖然為患者開了一付無效的藥方，但結果卻是：服用安慰劑以後，幾乎百分之九十的患者感到病情大大減輕，有人甚至痊癒。樂觀作用，實際上影響了人類的

信心、勇氣與抗壓性。

悲觀態度，由精神引起而又會影響到組織器官。有一個意外的事故可以證明這一點。

一位鐵路工人，意外地被鎖在一個冷凍車廂裡。這位工人清楚地意識到：他是在冷凍車廂裡，如果出不去，就會凍死。

不到二十小時，冷凍車廂被打開了，那位工人死了，大家都認為他是凍死的，可是仔細檢查了車廂，冷氣開關並沒有打開。但那位工人確實是死了，因為他確信，在受困於冷凍庫的情況下是不能活命的。所以，在極端的情況下，一個極度悲觀的人會導致死亡。

樂觀的態度，在日常生活中的效力，也是令人瞠目的。

美國有一位叫安娜的女病人，頸背部長了一個惡性腫瘤，醫生判定她最多再活三個月。後來她在心理學家帕諾里斯的幫助下，保持樂觀情緒，把腫瘤看作是兇惡的敵人，想像與它鬥爭。一年之後，奇蹟出現了：她的腫瘤消失，健康恢復。

一位樂觀主義者總是假設自己是成功的，也就是

培養樂觀的性格

說，他在行動之前，已經有了九成以上的成功把握。即使遇到意料之外的困難，也能抱持著「兵來將擋，水來土掩」的大無畏精神，大步向前邁進。而悲觀主義者在行動之前，卻已經確認自己是無可挽救了。

做情緒的 主人

　　身爲感情動物的人類，情緒是自然的反應，因此有時我們會覺得憤怒、快樂或悲傷，被自己情緒擺佈的人是不可能成爲一個成功人士。我們的周圍就有一些聰明多智的人，要是他不被自己的情緒所支配，他就可能成就一番大事業。

　　這樣的人心情好時，樂觀通達，所從事的事業也會取得顯著進展。但一旦「憂鬱」或遇有不順心之事時，他的一切思維也都會因此而改變；他變得悲觀失望，工作效率低、人際關係破壞，甚至產生反應遲鈍、身心疾病等問題。但是，也許就在第二天，如果他的心情好轉，則會選擇完全相反的道路。他就這樣像玩蹺蹺板一般，情緒經常或上或下，當他不能作好情緒管理時，他就會成爲情緒的奴隸。如果他陷入絕望，如果他沮喪，如果他不控制他的低落情緒並設法克服它，那麼，常會使生

培養樂觀的性格

活脫離原本的軌道，如果心境處於憂鬱苦悶之中，這是不健康的心理表現，不良的情緒使人沮喪，疾病因而叢生。

　　沮喪使人不能做出正確的判斷。人愁眉不展時極易做出各式各樣的蠢事來。一些人為了籌錢，他們鋌而走險，做出了一些極為荒謬的事情。他們之所以要籌錢，是因為他們擔心，如果手中沒有一筆款項，他們在生活上可能會遇到麻煩，而事實上此種擔憂純係捕風捉影的緣故。一旦你才窮智盡，不知所措和不知該走向何方時，你就面臨危險了，因為你沒有心情籌劃任何事情，你也無心盡力做好任何事。在你頭腦清醒時，你應當早作計劃，盡早安排。

　　當一個人焦慮、懷疑或沮喪時，是不可能做出正確判斷，也不可能利用好的觀念意識。合理的判斷來自於有效運轉的頭腦，來自於未被擾亂的清晰思維。當你處於擔憂或焦慮狀態時，絕不要隨意行事。當你思維清晰、頭腦清醒時，執行你的計劃，貫徹你早已制定的行動路線。人們在擔憂時，精神容易渙散，不可能有效地集中注意力。對於有效的思維而言，心平氣和、鎮定自若、

情緒穩定、氣定神閒是絕對不可少的。

　　許多人之所以在世上取得傲人的成就，其重要的原因就是，他們在無心決定任何事情的時候、他們擔心將來會有麻煩的時候、他們害怕將來會遭受巨大損失的時候、他們擔心將來會遭遇金融風暴的時候——就是在這些不宜做決定的時候，他們絕不草率地在一些重要事情上做出決定。在這種情形之下做事，絕不可能將事情辦好。理智是我們在十萬火急的情況下所渴盼的東西，智慧來自於清醒的頭腦和冷靜、清晰的思維。

　　有這樣一些人，他們的頭腦通常都很冷靜，但是，一旦他們沮喪、鬱悶時，一旦他們的頭腦烏雲密佈、糊里糊塗而不能冷靜、清晰積極的思維不在時，他們就會在此種心境下魯莽從事，做出一些不理智的事情來。

　　一個人面臨麻煩或面臨緊急情況之時，往往也是最需要他頭腦清醒、思維清晰和正確判斷的時候。如果在此種情況下，一旦你覺得恐懼或憂慮纏身時，你絕對不可以去決定重大的事情。但是你應該立即中止這種狀態，而以相反的思維或心情來調整它。比如先深呼吸一下，喝口水，想像你已經心平氣和、鎮定自若，讓自己

培養樂觀的性格

的心平靜下來，然後你才能頭腦冷靜，明智地把事情處理好。在心亂如麻、憂慮、焦躁不安時，絕不要從事一些重要的事情。

在生活中，不要根據你當時面臨的那些小小的困難，而評估你的未來，要告訴自己：使你今天陷入黑暗的烏雲明天就會消散。一定要學會用寬廣的眼光看待人生，一定要學會以健康的心態來評價事物。

絕大多數人往往是他們自己最頑固的敵人。我們的那些有害的負面想法和不好的情緒，無時無刻不在「破壞」我們的快樂生活。而所有的事情都取決於我們的勇氣，取決於我們對自己的信心，取決於我們是否有一個樂觀和滿懷憧憬的信念。

然而，每當遇到不順心之事時，每當我們情緒低落或經歷不愉快之事時，每當我們遇到損失或不幸時，我們總是讓這些令人洩氣的想法和懷疑、憂慮、沮喪情緒，腐蝕我們的頭腦，使我們也許經過數年的努力才獲得的工作成果毀於一旦。這些道理說起來容易，大多數的人也都瞭解，但是當情緒無法控制時，就將失去了我們曾經努力得到的一切。

　　我們何時才能懂得這些負面消極的想法，乃是我們最大的敵人呢？燒燬一座歷經數年才建起來的房子，僅僅只需要幾分鐘。僅僅只需一筆就能毀掉畫家畫了數年才畫出來的一幅畫。同樣，憤怒、嫉妒、悲傷、憂鬱、擔憂這些極具破壞力的情感，也能毀掉我們畫了數年的人生大畫卷。

　　人並非注定要成為他情感的奴隸或他喜怒無常心情下的犧牲品，在關於人，是否能履行他作為人的義務或人是否能執行他的人生計劃，這樣的問題上，人也不一定就得求教於他的情感。人類生來就要主宰、統治，生來就要成為他自己和他環境的主人。

　　對於一個思維受過良好訓練的人來說，他完全能迅速地驅散他心頭最濃密的「憂鬱」陰雲。

　　思維的藝術在於學會清除思想的敵人，在於學會清除那些使我們不幸福的敵人，在於學會清除那些阻礙我們成功的敵人。學會專注於真、善、美的事物而非假、惡、醜的事物，學會專注於和諧而非混亂不堪的事物，學會專注於健康而非疾病等等，這才是一件真是了不起的事情，要做到這些，並不是一件容易的事，但對每個

培養樂觀的性格

人來說，則是有可能做到的事。它只需一點思維的藝術，這種思維的藝術能使人形成正確思維的習慣。

如果你斷然拒絕這些剝奪你幸福的憂傷和沮喪，如果你因為明瞭憂傷和沮喪會乘虛而入，而緊守自己的門戶，將它們拒之門外，那麼，失敗、痛苦將會離你遠遠的。

要使生命沒有黑暗，最好的辦法就是使生命充滿陽光；要避免混亂，就得追求和諧；要使頭腦謝絕錯誤，就得使頭腦充滿真知；要遠離邪惡，就得多多思索美好可愛的事物；要擺脫一切討厭和不健康的東西，就得深思一切怡人和有益健康的事情。不同的思想不可能同時佔據一個頭腦。

我們應當儘早養成消滅我們頭腦裡一切討厭的、不健康的、與負面有關的思想。我們應當從我們的思想長廊裡抹去一切混亂的思維，代之以和諧、使人振奮、提神醒腦的東西。

看到生活的
光明面

　　性格樂觀的人，無憂無慮，樂觀進取，生命中充滿了陽光。他們是「快樂天使」，從不知道憂愁為何物。即使在最不利的情況下，他們也能平靜面對，保持一種十分樂觀的、積極的心態。

　　這種類型的人好比森林裡快樂的鳥兒，整天歡笑、歌唱，散發出一種令人心動的氣息。無論他們走到哪裡，都會使周圍掀起一股活潑向上的力量，他們總是以一種愉快的口吻與別人談話，常常向別人伸出熱情有力的雙手；他們遠遠地就向人們打招呼，於是人們也舉手向他們打招呼；他們向人們微笑，人們也不出自主地報以友好的微笑；別人煩惱的時候，他們會給別人尋找快樂的事情，於是別人也跟著一起快樂。

　　總之，他們從來不掩飾自己，也不壓抑自己，一切都是那麼自然，那麼無拘無束，人們都喜歡與他們在一

培養樂觀的性格

起。

英國作家薩克雷有句名言：「生活是一面鏡子，你對它笑，它就對你笑；你對它哭，它也對你哭。」如果我們心情豁達、樂觀，我們就能夠看到生活中光明的一面，即使在漆黑的夜晚，我們也知道破曉的晨光就將來臨。一個心理健康的人，就會思想高潔，行為正派，就能自覺而堅決地摒棄骯髒的想法，不與邪惡者為伍。我們既可能堅持錯誤、執迷不悟，也可能相反，這都取決於我們自己。

這個世界是我們自己創造的，因此，它是屬於我們每一個人的，而真正擁有這個世界的人，是那些熱愛生活、擁有快樂的人。也就是說，那些真正擁有快樂的人才會真正擁有這個世界。

性格對於一個人的生活有著極為重要的影響。性格好的人總能看到生活中光明的一面，對於這種人來說，根本就不存在什麼令人傷心欲絕的痛苦，因為他們即便是在災難和痛苦之中，也能找到心靈的慰藉，正如在最黑暗的天空中，心靈總能或多或少地看見一絲亮光一樣。儘管天上看不到太陽，有重重的烏雲佈滿了天空，

但他們還是知道太陽仍在烏雲之上，太陽的光線終究會照到大地上來。

這種使人愉悅的性格不會遭人嫉妒。具有這種性格的人，在他們的眼裡總是閃爍著愉快的光芒，他們總顯得達觀、朝氣蓬勃。當然，他們也會有精神痛苦、心煩意亂的時候，但他們不同於別人的就是他們總是正面地接受這種痛苦，沒有抱怨、沒有憂傷，更不會為此而浪費自己寶貴的精力，而是拾起生命道路上的花朵，奮勇前行。

具有樂觀、豁達性格的人，無論在什麼時候，他們都會感到光明、美麗和快樂的生活就在身邊。他們眼睛裡流露出來的光彩會使整個世界都洋溢著彩色的流光。在這種光彩之下，寒冷會變成溫暖；痛苦會變成舒適。這種性格使智慧更加熠熠生輝，使美麗更加迷人燦爛。那種生性憂鬱、悲觀的人，永遠看不到生活中的七彩陽光，春日的鮮花在他們的眼裡也頓時失去了嬌艷，黎明的鳥鳴變成了令人煩躁的噪音，無限美好的藍天、五彩紛呈的大地都像灰色的布幔。在他們眼裡，創造僅僅是令人厭倦的、沒有生命和沒有靈魂的蒼茫空白。

培養樂觀的性格

　　儘管樂觀的性格主要是天生的，但正如其他生活習慣一樣，這種性格也可以透過訓練和培養來獲得或得到加強。我們每個人都可能充分地享受生活，也可能根本就無法懂得生活的樂趣，這在很大程度上取決於我們從生活中提煉出來的是快樂還是痛苦。我們究竟是經常看到生活中光明的一面還是黑暗的一面，這在很大程度上決定著我們對生活的態度。

　　任何人的生活都是兩面的，問題在於我們自己怎樣去審視生活。我們完全可以運用自己的意志力量來做出正確的選擇，養成樂觀、快樂的性格。樂觀、豁達的性格有助於我們看到生活中光明的一面。即使在最黑暗的時候也能看到光明。

　　聰明的人處在一些煩惱的環境之時中，自己能夠苦中作樂。因為他們知道煩惱本身是一種對已成事實盲目的、無用的怨恨和抱憾，除了給自己心靈一種自我折磨外，沒有任何積極的意義。為了不讓煩惱纏身，最有效的方法是正視現實，摒棄那些引起你煩惱不安的幻想。

　　世界上不可能存在著你完全滿意的工作、配偶和家庭，不要為尋找盡善盡美的道路而盲目。實際上，並不

是所有在生活中遭受磨難的人，精神上都會煩惱不堪。相信很多人對生活的磨難，不幸的遭遇，往往是付之一笑，看得很淡；倒是那些平時生活安逸平靜、輕鬆舒適的人，稍微遇到不如意的事情，便會大驚小怪起來，引起深深的煩惱。這說明，情緒上的煩惱與生活中的不幸並沒有必然的聯繫。

生活中常碰到的一些不如意的事情，這僅僅是可能引起煩惱的外在原因之一，煩惱情緒的真正病源，應當從煩惱者的內心去尋找。大部分終日煩惱的人，實際上並不是遭到了多大的個人不幸，而是在自己的內心素質和對生活的認識上，存在著某種缺陷。

因此，當受到煩惱情緒襲擾的時候，就應當問一問自己為什麼會煩惱，從內在素質方面找一找煩惱的原因，學會從心理上去適應你周圍的環境。

不管你生活中有多少不幸和挫折，你都應以歡悅的態度微笑著對待生活。

人與人之間只有很小的差異，但這種很小的差異卻往往造成了巨大的鴻溝！很小的差異就是所具備的心態是積極的還是消極的，巨大的差異就是成功與失敗。

培養樂觀的性格

　　生活中，失敗平庸者多，心態是成敗的關鍵。遇到困難，失敗者總是挑選容易的倒退之路。「我不行了，我還是退縮吧！」其結果就是陷入失敗的深淵。成功者遇到困難，會保持積極的心態，用「我可以！我能！」「一定有辦法」等積極的信念鼓勵自己，於是便能想盡辦法，不斷前進，直至成功。

培養
樂觀的性格

積極的心態和樂觀的性格是可以培養的。為了培養積極的心態和樂觀的性格，你可以從以下幾個方面努力：

一、經常清除消極思想

在我們的日常生活中，我們必須每日清除心裡的莠草。要常常懷抱樂觀，如果你光看到自己生命中的灰暗面，心理浮現的都是各種可能的困難，那你就是把自己置於消極的心態中。你應該盡快清除無用的消極雜草，回到積極的心態中去吧！

二、遠離思想消極的人

你周圍的人並不完全一樣，有的是消極的，但有的是積極的。有的是不得已而工作，而有的是胸懷大志，為成就一切而工作。有的同事貶低主管所說的一切、所做的一切，有的則能客觀地看問題，而且充分認識到那些居於要職的領導人過去一定是個優秀的人才。

培養樂觀的性格

在我們的周圍，總有那麼一些小人，他們意識到自己的無能，因而千方百計地想成為你前進道路上的絆腳石，阻礙你前進，許多賢能之士，為了爭取創造更大效益，服務更多民眾而受到冷嘲熱諷，甚至受到威脅。讓我們正視這些小人！他們有的出於嫉妒想讓你難堪，原因是你想進步。

遠離這些思想消極的小人，多與思想積極的成功人士交流，你會因此而更加積極有為！

三、使用自我暗示的語句

在生活中，要有意識地改變你的習慣用語。

不要說「我真累壞了」，而要說「忙了一天，現在心情真輕鬆」。

不要說「他們怎麼不想想辦法？」而要說「我知道我將怎麼辦。」

不要在團體中抱怨不休，而要試著去讚揚團體中的某個人。

不要說「為什麼偏偏找上我，上帝？」而要說「上帝，考驗我吧！」不要說「這個世界亂七八糟」，而要說「我要先把自己的家裡整頓好」。

　　積極心態的自動提示語是不固定的，只要是能激勵我們積極思考，積極行動的詞語，都可以作爲自動提示語。

　　如果我們經常使用自我激發性的語句，並融入自己的身心，就可以保持積極心態而抑制消極心態，形成強大的動力，達到成功的目的。

四、強化你的積極態度

　　心態積極起來後，還需要用一些方法來使它得到強化，否則，積極心態很是很難長時間得到保持的。以下將介紹一些強化積極態度的方法：

★訂一些明確的目標

　　清楚地寫卜你的目標、達到目標的計劃，以及爲了達到目標你所願意付出的。因爲有強烈慾望作爲達到目標的後盾，使慾望變得狂熱，讓它成爲你腦子中最重要的一件事。

★立即執行你的計劃

　　正確而且堅定地照著計劃去做。

五、經常聽愉快、鼓舞人的音樂

　　看看與你的職業及家庭生活有關的書報雜誌。不要

培養樂觀的性格

向誘惑屈服，而浪費時間去閱讀別人悲慘的八卦新聞。在開車上學或上班途中，聽聽電台的音樂或自己的音樂光碟。如果可能的話和一位積極心態者共進早餐或午餐。晚上不要坐在電視機前，要把時間用來和你的家人談談天。

不管我們的生活中有多少的不幸和挫折，我們都應以歡悅的態度微笑著對待生活。下面介紹幾條原則，只要我們反覆地認真執行，就可能減輕或者消除自己的煩惱。

一、要朝好的方向想

有時，人們變得焦躁不安是由於碰到自己所無法控制的局面。此時，我們應承認現實，然後設法創造條件，使之向著有利的方向轉化。此外，還可以把思路轉向別的事物上，諸如回憶一段令人愉快的往事。

二、不要把眼睛盯在「傷口」上

如果某些煩惱的事已經發生，我們就應正視它，並努力尋找解決的辦法。如果這件事已經過去，那就忘掉它，不要把它留在記憶裡，尤其是別人對我們不友好的態度，千萬不要耿耿於懷，更不要說：「我總是被人誤

會和欺負。」當然，有些不順心的事，適當地向親人或朋友吐露，可以減輕煩惱造成的壓力，這樣心情會好受一些。

三、放棄不切實際的希望

做事情總要按實際情況循序漸進，不要總想一步登天。有人為金錢、權力、榮譽奮鬥，可是，這類東西一個人獲得越多，他的慾望也就會越大。這是一種永無止境的追求。一個人發財、出名似乎是一下子的事情，而實際上並不然。因此，我們應在懷著遠大抱負和理想的同時，隨時樹立短期目標，一步步地實現我們的理想。

四、要意識到自己是幸福的

有些想不開的人，在煩惱襲來時，總覺得自己是天底下最不幸的人，誰都比自己強。其實，事情並不完全是這樣，也許我們在某方面是不幸的，但在其他方面依然是很幸運的。如上帝把某人塑造成矮子，但卻給他了一個十分聰穎的大腦。請記住一句風趣的話：「我在遇到沒有雙足的人之前，一直為自己沒有鞋而感到不幸。」生活就是這樣捉弄人，但又充滿著幽默的趣味，想到這些，我們也許會感到輕鬆和愉快。

永續圖書
線上購物網

www.foreverbooks.com.tw

◆ 加入會員即享活動及會員折扣。

◆ 每月均有優惠活動，期期不同。

◆ 新加入會員三天內訂購書籍不限本數金額，
  即贈送精選書籍一本。（依網站標示為主）

專業圖書發行、書局經銷、圖書出版

永續圖書總代理：

五觀藝術出版社、培育文化、棋茵出版社、大拓文化、讀品文化、雅典文化、知音人文化、手藝家出版社、璞申文化、智學堂文化、語言鳥文化

活動期內，永續圖書將保留變更或終止該活動之權利及最終決定權。

※為保障您的權益，每一項資料請務必確實填寫，謝謝！

姓名		性別	□男　□女

生日	年　　　　月　　　　日	年齡	

住宅地址　郵遞區號□□□

行動電話　　　　　　　　　E-mail

學歷

□國小　　□國中　　□高中、高職　　□專科、大學以上　　□其他＿＿＿＿

職業

□學生　　□軍　　□公　　□教　　□工　　□商　　□金融業
□資訊業　□服務業　□傳播業　□出版業　□自由業　□其他＿＿＿＿

謝謝您購買　　__有人緣的小孩更有競爭力__　　與我們一起分享讀完本書後的心得。
務必留下您的基本資料及電子信箱，使用我們準備的免郵回函寄回，我們每月將
抽出一百名回函讀者，寄出精美禮物以及享有生日當月購書優惠！想知道更多更
即時的消息，歡迎加入"永續圖書粉絲團"
您也可以使用以下傳真電話或是掃描圖檔寄回本公司電子信箱，謝謝！
傳真電話：（02）8647-3660　　電子信箱：yungjiuh@ms45.hinet.net

●請針對下列各項目為本書打分數，由高至低5～1分。

　　　　　　5 4 3 2 1　　　　　　　　　　5 4 3 2 1
1.內容題材　□□□□□　　2.編排設計　□□□□□
3.封面設計　□□□□□　　4.文字品質　□□□□□
5.圖片品質　□□□□□　　6.裝訂印刷　□□□□□

●您購買此書的地點及店名＿＿＿＿＿＿＿＿＿＿＿＿＿＿＿＿＿＿＿＿＿＿

●您為何會購買本書？
□被文案吸引　　□喜歡封面設計　　□親友推薦　　　□喜歡作者
□網站介紹　　　□其他＿＿＿＿＿＿＿＿＿＿＿＿＿＿＿＿＿＿＿

●您認為什麼因素會影響您購買書籍的慾望？
□價格，並且合理定價是＿＿＿＿＿＿＿　　□內容文字有足夠吸引力
□作者的知名度　　　□是否為暢銷書籍　　□封面設計、插、漫畫

●請寫下您對編輯部的期望及建議：

221-03
新北市汐止區大同路三段194號9樓之1

 傳真電話：（02）8647-3660
E-mail：yungjiuh@ms45.hinet.net

培育
文化事業有限公司

讀者專用回函

有人緣的小孩
更有競爭力

培養文化育智心靈的好選擇